# 梨园豪杰"金霸王"

常立胜 著

山东文艺出版社

金少山标准像

金少山常用脸谱选

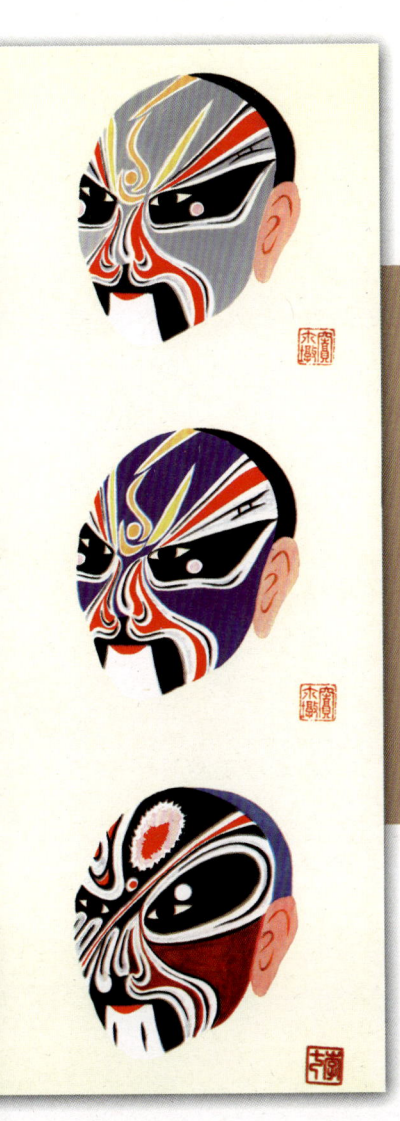

金少山常用脸谱选

金少山常用脸谱选

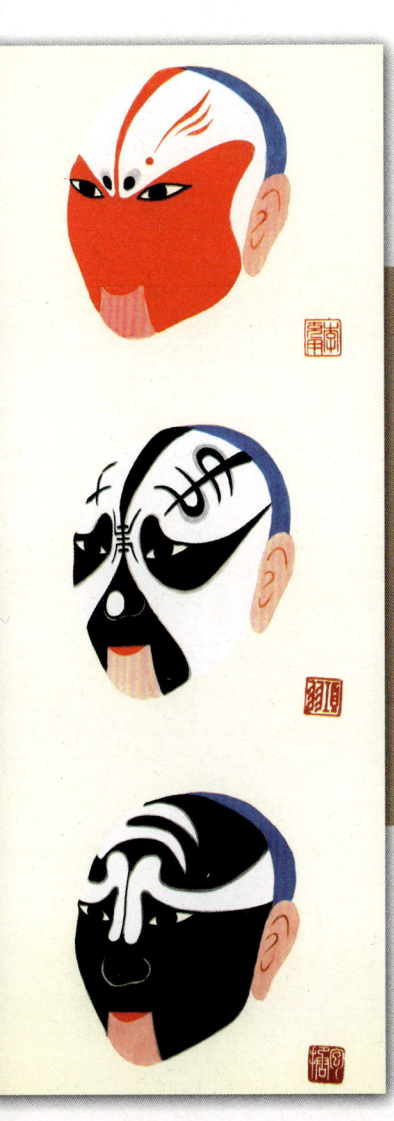

金少山常用脸谱选

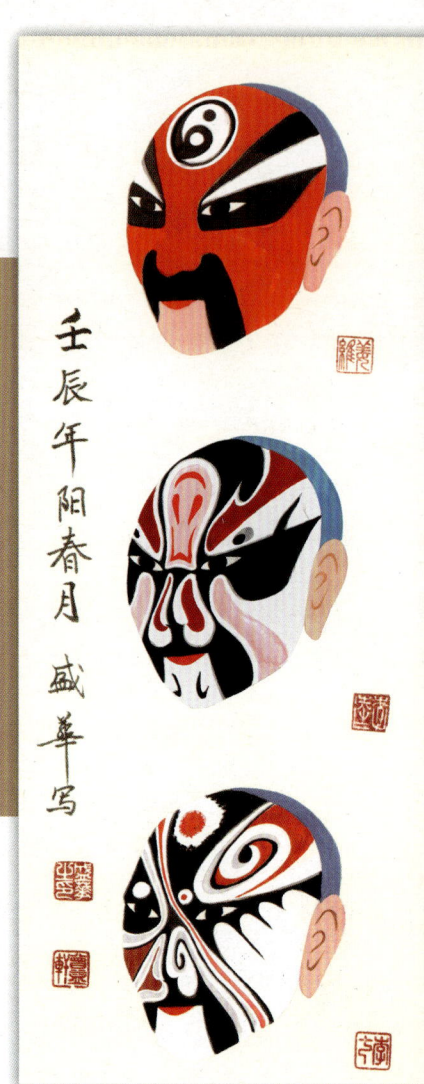

金少山常用脸谱选

# 目 录

翠峰庵名冠京城　金秀山又得贵子……1

承父业将门虎子『倒仓』后一落千丈……8

虎落平阳盼归林　走马烟台遇知己……14

灯红酒绿何所惧　豪杰初闯上海滩……25

流氓大亨黄金荣　一心笼络『铁罗汉』……36

同行相帮非冤家　幸会『泰斗』慰平生……43

日益声隆红申城　乌龙下界『金霸王』……48

仁义礼智信为高　惺惺相惜艺为天……58

风花雪月好潇洒　跑狗赛马斗蟋蟀……64

挥金如土当行头　仗义疏财救乞丐……78

同仁患病急救场　杜家祠堂大聚会……85

豪杰一怒离上海　华乐打炮响九城……92

首创挑班松竹社　酸甜苦辣自己尝……107

一句三彩《父子会》　吓坏顽童《审李七》……111

花脸大会列大轴　知音喜遇知音在……116

大展身手义务戏　『霸王』首会陆素娟……135

|  |  |
|---|---|
| 买地练功松柏庵 七夕反串《天河配》 | 142 |
| 夜半交谈出火花 增益首尾《钟馗传》 | 154 |
| 父女携手闯关东 共享美誉天津卫 | 161 |
| 故地重游认亲子 提携才俊裹盛戎 | 174 |
| 老友联袂出佳绩 亲传要领十字诀 | 184 |
| 侠义肝胆斗顽主 梨园齐赞真豪杰 | 190 |
| 误场致遭剧场乱 台上巧喝牛尾汤 | 196 |
| 少山偏爱王金璐 三爷演活金大力 | 201 |
| 课徒授艺传真经 花鸟虫狗皆艺术 | 215 |
| 亦褒亦贬论个性 身后任凭说短长 | 227 |
| 主要参考资料 | 233 |
| 后记 | 235 |

## 翠峰庵名冠京城　金秀山又得贵子

话说京城西直门内南小街盘儿胡同有一个京剧票房——翠峰庵，这个票房可了不得，先说它成立得早，自打光绪年就有了，再说它规矩大，虽系玩票的地方，但此处学戏之认真，丝毫不亚于内行。按票房规定，凡是在该票房学戏的人，全要请内行名家教授，不许有一丁点儿不像，不管是文戏还是武戏必须要和内行相同。每月逢一、六进行过排（即响排），除脸上不扮其余均和台上一样，要勒盔头、戴髯口、穿蟒扎靠穿靴子。过排日亦卖座儿，因当时有戒令：各戏园子中不准女人看戏，只此一处可卖女座，所以很受妇女欢迎。

凡是能到翠峰庵来玩票的均非凡夫俗子，都是些出类拔萃的票友尖子，像老生恒乐亭、纪寿辰、李辅臣，小生兼青衣德珺

清末戏台

如，花脸金秀山、韩乐卿（二刁），武花脸明定儿，开口跳双四，小花脸纯嘏泉、柯秀山等。他们哪一个不会几十出戏，哪一个没有绝活！

咱们先说这位德珺如先生，德处（票友未下海之前一律称某处）原隶旗籍，其祖父是曾任清道光年间军机大臣的穆彰阿。因为生在大户人家，听戏是家常便饭，耳濡目染使他对京剧发生了极大的兴趣，偶然一唱，小嗓儿颇好，于是便迷上了青衣。

德珺如真唱了几出青衣戏，唱腔味道也真不错，就是扮相差点儿，因为他的脸形太长，扮青衣实在不美，于是改唱小生。也真有几出小生戏深受观众欢迎，如《叫关》、《小显》、《白门楼》、《射戟》等，尤其是这出《辕门射戟》能卖满堂。《射戟》是吕布的戏，在《三国演义》中吕布的口碑不怎么好，人称三姓家奴，只知逞匹夫之勇，却恰恰在《射戟》中有了一点智慧：为解纪灵与刘备两家的不和，他采取射戟的方式。《射戟》中吕布要唱十几段〔西皮娃娃调〕，分别有〔导板〕〔摇板〕〔二六〕〔快板〕等。当然，德处的每段唱都能出彩，这不在话下，最有看点的是他拉弓射戟这一招，实有惊人之举。因为他正式下过弓房，拉过硬弓，有真功夫，不敢说有"百步穿杨"之力，但在十步之内射中靶心也算得上是举手之劳吧。戏中演到"射戟"这一情节时，吕布起唱：

〔快板〕哪里是腹中无有量，分明有事在心旁。

一个好似出山虎，一个好比奎木狼。

二人相争阵头上，狼必受屈虎也遭殃。

方天画戟插至在辕门上，再与二家细商量。

某家有个凭天断，将军、使君细听端详：

你我同到辕门上，方天画戟插在中央。

我若是射中了画戟上，你们二家免刀枪。

我若是射不中画戟上，任凭你两家摆战场。

三人携手同路往,

〔导板〕威风凛凛出虎帐

〔快板〕大队人马列两旁。

这一旁站立纪灵将,那一旁又站刘与张。

一个个睁睛把我望,看某引弓射穿杨。

〔散板〕开弓便把雕翎放——

这时只见他左手握弓背,右手搭箭拉弓弦、放箭,这一箭正中高悬在舞台上方天画戟的戟眼儿里。"好!好!好!"观众彩声不断。

在这出《射戟》中给德处配演纪灵的是大名鼎鼎的金秀山。对金秀山演的纪灵有人很欣赏,曾有文章写道:"不是戏中主要的角色,而以出色的伶人来扮演,那就只好断章取义。《朱砂痣》当然以韩延凤为主,贾洪林之吴惠全则把王凤卿、梅兰芳(吴娘子)一齐压倒,已觉喧宾夺主,而《射戟》剧中金秀山之纪灵,威风八面,更是轻重失宜。《射戟》一剧,吕布为主,毫无疑义。戏情在吕,场上一切呼应在吕,唱做各工亦集中于吕,从任何方面看都是吕布的戏。纪灵乃饭桶也泥鳅也,金秀山不管那一套,大卖'精气神',上场一句'告辞'一句'营中有事'已经狠'率',其下'温侯,欲杀纪灵乎?''欲杀大耳儿乎?'字字挂劲,龙拿虎攫,气概凛凛然。德珺如的'营中有事就不该来!'未尝不响,被秀山两大'乎'真是'虎虎风生'盖过去了,以致满台只看见一个纪灵,有此理乎?"(见《立言画刊》第144期)

这位金秀山也是旗籍,生于咸丰五年,其父金龙吉,是位经营玉器的买卖人,生活也算殷实。金秀山比德珺如小三岁,二人自幼交好,共同酷爱皮黄,虽脸上有麻子,但嗓音实大声洪,正是唱花脸的好材料。

金秀山从十几岁时就常在魏公府、蒋养房等处玩儿票,后被德珺如引领到翠峰庵,两个伙伴台上演出,台下研究,甭说有多默契了。一天哥儿俩唱《飞虎山》，德珺如的安敬思，金秀山的李克用，那大段对唱简直倾倒了观众，观众无不大呼过瘾。

安敬思　〔西皮快板〕清晨起来雀噪嚷，青山绿水紫气扬。
　　　　将羊赶在飞虎山冈，〔摇板〕只见红日照西方。

李克用　〔快板〕夜梦飞虎入宝帐，周德威进帐讲其详。
　　　　他叫孤王行围场，必有良将保大唐。来至在山坡我用目望——

中　军　（白）樵夫不见呐！

李克用　（接唱）樵夫不见为哪桩？人来与爷撒围场。

中　军　（白）啊！

李克用　〔快板〕青山绿水好清凉，耳边又听得风声响，
　　　　想必大虫下山冈。（白）弓箭伺候！〔散板〕开弓便把雕翎放，只见猛虎赶群羊。（白）来！

中　军　（白）有！

李克用　（白）将那娃娃唤醒，就说猛虎吃羊。

中　军　（白）娃娃速醒，猛虎吃羊！

安敬思　〔导板〕耳边厢又听得人喧嚷。

李克用　（白）娃娃醒来！

安敬思　（白）啊？〔散板〕大胆猛虎吃咱羊。
　　　　手持大棍忙赶上，管教猛虎丧无常！

李克用　（白）娃娃无礼！〔二六〕娃娃做事太莽撞，你不该把孤的家虎伤。猛虎本是孤王养，打死了家虎你把命偿。

安敬思　（白）住口！〔二六〕虎命羊命俱一样，分什么弱来论什么强！打死了你虎赔你的虎，要你赔羊也应当。

李克用　（白）呀！〔快板〕小娃娃说话有志量，叫他前来孤有话商量。

| 安敬思 | （接唱）我又不犯萧何相，有什么话儿竟商量！ |
|---|---|
| | 翻身跳过小溪涧，千岁有何话商量？ |
| 李克用 | （接唱）哪里生来哪里养，可有父来可有娘？ |
| 安敬思 | （接唱）安敬思生来命不强，自幼无父只有娘。 |
| 李克用 | （接唱）人生在世俱一样，为什么无父只有娘？ |
| 安敬思 | （接唱）千岁不必问其详，提起话来恨悠长。 |
| | 我母玩耍山冈上，只见石人站两厢。 |
| | 半夜里三更门房响，一头石人进母房。 |
| | 十月怀胎生下了我，因此上无父只有娘。 |
| 李克用 | （接唱）你的母今在何处住？叫她前来孤有话商量。 |
| 安敬思 | （接唱）千岁爷休提起我的娘，不幸我母命早亡。 |
| 李克用 | （接唱）小娃娃不必悲声放，孤王言来听端详： |
| | 孤今太保十二个，个个都是奉君王。 |
| | 你若真心把孤降，封你太保十三郎。 |
| 安敬思 | （接唱）早有此心来降唐，无人带我见君王。 |
| | 多蒙千岁恩德广，躬身施礼跪父王。 |
| 李克用 | （接唱）改名叫作李存孝，从今不离孤的身旁。 |
| 安敬思 | （接唱）多谢父王改名姓，存孝二字永不忘。 |
| 李克用 | （接唱）先生八卦不虚恍，亚赛当年的张子房、 |
| | 李淳风、袁天罡、鬼谷子、王禅，亚赛过周文王。 |

这一大段对唱高音处声似裂帛，耍腔处玲珑剔透。金秀山名声不胫而走，竟传到了何桂山的耳中。

何桂山是彼时花脸行中的执牛耳者，当他得知有一位花脸人才后，真是喜出望外，有意收入门下。他的这个想法就恰好被德珺如知道了，便从中搭桥，要促成这桩美事。

首先德珺如带金秀山来到何府，向何桂山表明了要立雪程门的愿望，何桂山也不推辞，当时定好，几日后行拜师礼。

翠峰庵名冠京城
金秀山又得贵子

德珺如、金秀山、韦久峰《忠孝全》剧照

这一天,前门外煤市街取灯胡同同兴饭庄张灯结彩,梨园行中的头面人物络绎而至。首先到的是黄润甫、穆凤山,这二位一位架子一位铜锤,进门就向老何九道喜;继之而到的是花脸行中的长辈庆春甫、徐宝成和晚辈刘永春、裘桂仙;再后便是老生行的谭鑫培、汪桂芬、孙菊仙以及杨月楼、许荫棠、贾洪林、王凤卿、时慧宝和武生李春来,还在唱花脸的刘鸿昇与唱小花脸的刘赶三;旦行中的时小福、余紫云、陈德霖也及时赶到。只见德珺如忙前忙后,不辞辛劳,极尽挚友之力。

良辰已到,拜师礼开始,由庆春甫举香,金秀山拜过祖师爷后向何桂山行三叩九拜大礼。饭庄外鞭炮齐鸣,饭庄内击掌叫好,名师高徒一时成为梨园佳话。

金秀山入室后,每日跟随师父练功、拉戏、搭班露演,天交五更便起床到护城河喊嗓练音,连续两年从未间断。

老何九先将秀山会的一些剧目"下挂"(重新整理),然后又教新戏,并带他搭班露演。秀山跟随师父先后搭过阜成班、长春和

何桂山《醉打山门》剧照

班、嵩祝成班、同春班、四喜班、同庆班、保胜和班。他常演的戏有《二进宫》、《白良关》、《忠孝全》、《法门寺》、《牧虎关》、《草桥关》、《沙陀国》、《捉放曹》、《穆柯寨》、《断密涧》、《群英会》、《刺王僚》、《飞虎山》等。

就在他艺事大进如日中天之时又有喜事降临：光绪十五年（1889年8月20日）夫人又产下一子，取名一个单字"义"。

## 承父业将门虎子　"倒仓"后一落千丈

时年三十又四的金秀山已经生有两个儿子,怎奈长子四岁时夭折,次子名仲林,不是角儿的料。唯独这个小三儿,不仅长得虎头虎脑,而且聪明伶俐,善于模仿,长到五六岁时就学着他阿玛台上的样儿比比画画,天生是个唱花脸的胚子。

一天,卸了戏的德珺如在后台对秀山说:"我瞅三儿是干这行的料,将来定不在你之下,不如就叫他少山吧。"

秀山说:"行,那就请二刁给他开功。"

于是秀山就登门请韩乐卿给少山开基本功。

唱武二花的韩乐卿与秀山也是莫逆之交,在教功方面很有一套,他听完秀山的来意后便说:

"没的说,这不和我的孩子一样嘛。"

于是二刁教少山从压腿、拿顶这最基础的动作开始,等把腿的大筋抻开,脚尖能踢到眉攒,能搬"三起三落"才算达到标准。此后才上"飞脚"、"旋子","串飞脚"必须够十个,"圈旋子"要拧五圈三十个。

然后开毯子功。毯子功就是翻跟斗,从"虎跳"、"践子"开始,到"小翻"、"提"、"前扑"、"蛮子"直到过大跟斗。

开完毯子功后开"把子功"。"把子功"分"刀枪把子"和"手把子"。先从枪的"小五套"学起,继之是"小快枪",再后上花脸行常用的"大刀枪"、"对刀"、"大刀双刀"、"大刀下场"、"三见面"等等共学会四十八套。

除由韩二刁给他练功，秀山开始教他喊嗓，念白口，走脚步，练身段，以《断后·龙袍》、《法门寺》一出唱功戏一出白口戏开蒙。

老何九得知徒孙的事情后主动对秀山说："听说你的三儿是块唱花脸的材料，领到我这儿来，我给他说说。"

金秀山喜出望外，立即带着少山来见师爷。何桂山上下一打量，"嗯，不错，是块料。"便把他的代表戏《钟馗嫁妹》给少山拉起来。

十二岁的金少山

少山长至十二岁，基本功练得有点意思了，这戏也会好几出了，秀山想带他进班历练历练。彼时的规矩，想搭班必须要有师父，就找德珺如商量，想找一位带道师。德处一听忙说："还用找别人吗，我不就是现成的吗？"

秀山说："那咱们就说定了。"

秀山忙叫来少山给德处磕头。从此，唱小生的德珺如就成了金少山的带道师。时德珺如住在西四牌楼盒子胡同，时不时接少山去家中练功、玩耍，有时少山还住在德宅。

少山年幼，搭班的目的是为了历练，所以多来些边边沿沿的活。虽然活不大，但真叫他开眼长见识。搭鸿庆、永庆班时，曾与梅兰芳、朱素云、谢宝云演过《岳家庄》，与王瑶卿演过《金猛关》，与程继先、荣蝶仙演过《秦淮河》，与韦九峰演过《审刺客》，更常与其父合演《白良关》、《洪羊洞》、《穆柯寨》。

听戏的最喜爱他们爷儿俩合演的戏码，《白良关》是演绎唐朝时大将尉迟敬德在阵前认子尉迟宝林的故事。老金演敬德，小金演宝林，舞台上下，同是父子，演出时情趣盎然气氛热烈。在《穆柯寨》中老金演孟良，小金演焦赞。这两个人物很诙谐，内行说来这样的活要攒点掹。在"烧山"一场中，焦、孟有这样几句对白：

焦赞　二哥，你身背何物？

孟良　火葫芦。

焦赞　里面装的什么？

孟良　硫黄焰硝。

焦赞　我有了主意啦。

孟良　你有何妙计？

焦赞　你我放火烧山。

孟良　有道是水火无情，岂不把小本官也烧在内！你呀，怎么净出馊主意呀！

焦赞　二哥，你有所不知，你会放火，你可会分火？

孟良　愚兄不会分火。

焦赞　哎，咱会分火。

孟良　贤弟，你是怎样分火？

焦赞　你那里将火放得大大的，俺在这里掐诀念咒。拘来了一条冷龙，我骑在冷龙的身上，钻入火塘，将小本官就这么一背，背在肩上，起到半悬空中。

孟良　贤弟，你可别赚我呀！

焦赞　二哥，我要是赚您，我是您的儿子！

这时台下会哄堂大笑，是一个很大的噱头。

金少山一边在戏班中熏戏一边学戏，俗话说千练不如一看，由于看得多也使自己开窍快，学起戏来领会得也快。不几年间，师爷

黄润甫、德珺如、金秀山《穆柯寨》剧照

给他说了《醉打山门》、《庆阳图》、《太行山》、《十面》等架子花应工的戏；韩乐卿给他说了《金沙滩》、《打潘豹》、《芦花荡》等武二花应工的戏；其父则把看家的铜锤戏仔仔细细地传给了他，如《刺王僚》、《御果园》、《探皇陵》、《二进宫》、《飞虎山》、《忠孝全》、《牧虎关》、《草桥关》、《沙陀国》等等。

光绪三十年（1904），四十九岁的金秀山被选入升平署，成为内廷供奉，月俸白银五百两，有了进宫唱戏的腰牌，这对一个吃开口饭的人来说是莫大的荣耀。金秀山台上戏唱得好，台下也有人缘，说话幽默、处事灵活，坊间传说着一个关于"金麻子戏督军"的故事很有意思：

金秀山应邀到一个督军府去唱堂会，戏码是全部《群英会》，金秀山饰演曹操。就在"横槊赋诗"

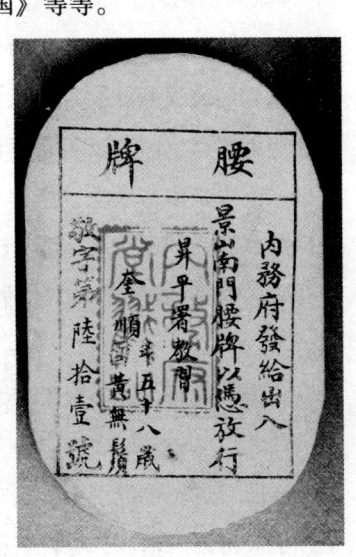

升平署一腰牌

一折,金秀山把这个挟天子令诸侯,势压群雄,踌躇满志的曹孟德刻画得惟妙惟肖。不料想,这个督军正处在不得意时,心中容不得他人,在面前作威逞能,于是顿生烦恼,命令身后的副官:"把戏班管事的给我叫来!"班主听说传唤,知道碰上了麻烦,紧走几步来到督军面前,"您有何吩咐?"督军沉着脸说:"把金麻子给我叫来。"班主焉敢怠慢,赶紧叫金秀山听差。

金秀山刚摘下髯口,拿起小茶壶想喝口水,班主跑过来说:"金老板,督军让您去一趟,看样子好像有麻烦,您得留神点儿。"金秀山略一思忖,心中打定主意,他把刚摘下的髯口重新戴上,跟着班主来到督军面前。一见督军,金秀山突然打起了"哇呀呀",手指督军厉声喝问:"你是何人,要见我大汉丞相?"在场的人听到这声喝喊,差点儿没被吓趴下。再看督军,气得变脸变色,站起身子冲金秀山大吼:"好你个金麻子,你他妈入了戏,还出不来了怎么的?发昏挡不了死,见本督不跪,还乱喊乱嚷,就不怕我崩了你?"金秀山用台上的韵白念:"我乃大汉丞相,岂能跪你小儿?!"

这时,督军已被金秀山的疯癫劲儿气得笑出了声儿:"好小子,你什么狗屁大汉丞相,那是假的!我这督军才是真的!"这时金秀山才摘下髯口,赔着笑跟督军说:"大人您圣明,我们唱戏的装神弄鬼,不过是混口饭吃。您大人大量,明知我们是假的,还跟我们较啥劲儿?"此话一完,督军没词儿,于是只好给自己找台阶儿,摆摆手,对副官说:"多赏他们俩钱儿,叫他们快滚,省得给我添堵。"

金秀山凭智慧,不仅没有惹祸,反而得赏,体现了一个艺人的机灵劲儿。

插曲一过,再说少山。这时少山十五岁,俨然一副成年人的样子,个头将近一米八,身材魁梧,嗓音洪亮,扮上戏威风凛凛,好一个大角儿的气派。谁人不说金家祖上有灵,将门出虎子,一代更比一代强呀!

然而金三儿除学戏演戏之外,爱好十分广泛,喜交朋友。什么喂鸟、养花、驯鹰,大凡旗人喜好的他都爱,其中最好的是摔跤,也真置办了几件"行头":褡裢和乐得绳,这褡裢是实纳帮的,乐得绳是骆驼绒做的,还有几双刀螂肚的靴子。这几件家什往那儿一摆,还真不比天桥跤场上的差。少山可不是光置办"行头"摆谱,他是真练,什么背沙子口袋、踢木桩子,练这些基本功照样是大汗淋淋气喘吁吁。

少山唱戏上心,玩儿也上心。转眼已到十八岁,生理上有了变化,他"倒仓"了。"倒仓"是男演员必须要过的一关,每个人都不一样,有的变化不大,时间不长几个月就过去了,有的则要两三年甚至更长的时间。少山倒得很苦,台上一点调门都没有,唱不了啦,怎么办?嗨,干脆一个字——玩。

宫廷戏画乱弹《取荥阳》

少山玩儿得太出圈,光驯狗、遛鸟也说得过去,可他又有了耍钱的瘾,弄了一帮人推牌九,玩得昏天黑地。这还不算,又找了一帮子跤手练摔跤,还供吃供喝。此后又在门外的大树底下摆了个豆汁摊,还白送辣咸菜丝。他自暴自弃的种种所为使金秀山忍无可忍,终于有一天,给他断了财源,大吼一声:"没出息的货,给我滚了出去!"

承父业将门虎子 "倒仓"后一落千丈

## 虎落平阳盼归林　走马烟台遇知己

河北重镇张家口，被大洋河一水划界，分为桥东、桥西两个区。这桥西区有一条繁华的商业街，名曰五坊街，有人将其比做北京前门外的大栅栏。这里是南北物资的集散地，口内，特别是北京的中成药、针织品、日用百货在这里几乎都能见到。张家口附近的怀来、张北、康保等县的商贩们都上这儿来进货，而内蒙集宁一带的皮货商们，也都把在牧区收来的皮货拿到这儿往内地批发。和五坊街隔桥相望的桥东区有几家旅店和戏院，最有名的戏院叫庆丰，凡口内来的好角儿都在这儿露演。早年侯俊山（老"十三旦"）就红在这里，他的《辛安驿》百听不厌，只要一贴此戏，东至宣化府西至柴沟堡的观众都闻名而至。侯俊山的弟子宋永贞（毛毛旦）也红在这里，毛毛旦的《红梅阁》同样名闻长城内外。

一天下午，有一位身高体壮的汉子在庆丰戏院前的空场上摆下了跤场，只见他上穿褡裢、系了腰绳在场上绕圈，向围观的人群一抱拳："光说不练是假把势，光练不说是傻把势，能说会道才是真把势。常言道：天有三宝日月星，地有三宝水火风，人有三宝精气神！冬练三九，夏练三伏。内练一口气，外练筋骨皮。冰冻三尺，非一日之寒。有道是行家看门道，外行看热闹，您赏脸吧！"接着练起了什么"泼脚"、"别子"等，还真有点看头，但细看又不像是正经的跤手，倒像是会两下子收俩小钱混口饭吃的角色。看跤的人群中有认得此君的。

"哎，这不是从北京来的唱大花脸的金少山吗？"

金少山便装照

"没错,昨晚上唱《黄一刀》的就是他。"

不错,此人正是金少山,可他为什么要撂地摔跤要小钱呢?

金少山遭家父训斥,自觉脸上无光,于是带了十几块钱到了张家口找朋友搭班。怎奈嗓子正处仓口,上座不高,生活难以维持,幸亏他练过摔跤,虽不能和京城内吃这碗饭的跤手比,但在口外比画比画也算是救急吧。

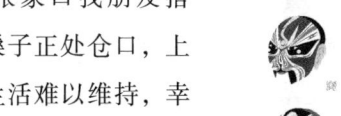

这样也不是长久之计,少山思量不如弄几张皮子带着去沿海一带搭班,真要一时搭不上,卖了皮子还能有饭吃。

于是,他背着一大卷皮货,由张家口向东,出了山海关,直到哈尔滨,凡到一地又卖皮货又唱戏。在关外,他遇到了前辈屈兆奎,屈前辈认定此子非池中之物,将来定有作为,于是给他说了《秦淮河》、《双沙河》等诙谐戏,使少山又多了新的戏路。在关外混了些日子,他又返回北京。

1915年金秀山夫妇先后驾鹤西去,当时少山的二哥不在北京,他一人葬完父母,为生活所计决定再一次跑外。

这次少山要点小聪明,做了一些准备,首先找了个合伙人——唱小花脸的李一车,怕搭不上班先做了点野药以备糊口。二人买了一口袋山楂,外面滚上勾脸用的金粉和朱砂,假冒大力丸,反正吃不死人,就是露了馅也不会吃官司。李一车还找了把胡琴,二人向

虎落平阳盼归林
走马烟台遇知己

东而去,边走边唱边卖假药,一路倒也顺利,历时五天走到了天津卫。

到了天津二人准备搭"下天仙戏园"的班,落脚在旁边的迎宾客栈。住在迎宾客栈的大多是戏班的人,常年连吃带住,十天半月一结账,掌柜的为人还算厚道,对演员们从不逼账。两次跑外少山真尝到了什么叫"搭班如投胎"的滋味了,唉!梨园行怎么这么难呀。由于嗓子没倒过来,自己只能来一些三四路的活,赶好了能唱出开场戏也算不错了。眼看人家朱琴心的《红鸾禧》、杨小楼的《恶虎村》、刘鸿昇的《普天同庆》戏报刚一贴出去,三天的票一抢而空,自己羞愧难当。夜里,躺在床上难以入睡,想想自己也不小了,就这么下去怎么对得起先尊,这不是叫人戳脊梁骨吗?他默默发誓:我金少山这辈子不混出个人样来,我就绝不回北京城。第二天,他买了张船票只身去往胶东重镇烟台。

烟台是胶东半岛的商埠,水陆交通发达,大马路、二马路两旁店铺林立,商贾云集。果品行、渔业行、船行是烟台的经济支柱,张裕酒业已名享海内外。繁荣的经济带来了文化活动的普及,京戏演出最多,当地百姓称其为大戏。时,戏园子有好几座,最有名的是丹桂茶园,这座园子始建于光绪三十二年,分楼上楼下两层,楼上设有包厢多个,每个包厢可坐十余人。楼下池座有四十余张八仙桌。孙菊仙、马德成、李吉瑞等都在此露演过,驻班名角儿叫贵俊卿。少山到了烟台后便落脚在丹桂茶园。

在烟台金少山遇到了他的贵人孙佐臣。

这位孙佐臣是位了不起的人物,生于1862年,北京人,其父孙长桂(孙八),为三庆班旦行演员。孙佐臣幼习小生,倒仓后拜贾祥瑞改学胡琴,先后在四喜班、小丹桂班献艺。清光绪十九年(1893)选入升平署,先给王九龄操琴,成名后给谭鑫培、孙菊仙操琴。谭鑫培爱其琴技,于光绪二十三年请宫中总管太监明心刘介绍聘孙佐臣为私人琴师，入同春班，遂开京剧名角制之先河。自谭鑫培聘梅雨田为琴师后，孙佐臣转往他处，曾为许荫棠、贾洪林、汪桂芬、金秀山等操琴。孙佐臣比金秀山小七岁，少山尊他为师叔。

"爷们儿，你怎么到这个地方来啦？"

"北京没有我的饭碗了，到这儿混碗饭吃。"

"别价，凭咱们爷们儿会没饭辙？放心，有你孙老叔哪！"

孙佐臣带少山去拜会烟台梨园公会的会长张少甫。

要说金少山还算是有造化，梨园公会会长张少甫和他一见如故，这位张会长是唱靠把老生的，宗谭，《定军山》、《战太平》、《盗宗卷》皆是他的拿手戏，更是为人正派，急公好义，在胶东一带很有名望。

彼时在丹桂茶园挑班的也是位谭派老生，姓贵名俊卿，拿手戏为《失·空·斩》、《洪羊洞》、《大·探·二》、《碰碑》、《桑园寄子》、《朱痕记》、《二堂舍子》等。

这一年的二月二正是贵俊卿的五十大寿，孙佐臣、张少甫带金少山来到贵府。孙佐臣进门就说：

"贵先生，我给您介绍一下，这个年轻人就是北京内廷供奉、唱大花脸的金秀山的三少爷金少山。"又转过脸来对少山说："这位是贵先生，人称贵二爷。"

少山忙给贵俊卿作揖，说：

"早就听先父说起过，您台上玩意儿好，台下为人庄重厚道，今儿来拜望正赶上您五十大寿，我给您拜寿。"说毕即行大礼。

贵俊卿赶忙双手搀起，"哎呀呀，不敢当，不敢当。"又说，"将门出虎子，今日一见，果然名不虚传，来来来，快坐下。张会长，你快去把财东罗进才请来，就说北京来了好角儿啦！"

大家入座后，贵老板问："少山呐，打炮戏你拿哪出呀？"

"二叔,我的嗓子还没全倒过来,唱几出架子戏吧。"少山答。

孙佐臣建议头天唱《失·空·斩》,少山来马谡。"那第二天呢?"贵老板问。

少山说:"我和二叔唱全部的《应天球》吧。"

贵俊卿站起来说:"好,我来这个码头好几年啦,因为没有合适的花脸,一直没能唱这出,好!就这么定了。"

《应天球》又名《合欢图》,内容略见《世说新语》及《晋书·周处传》。戏曲本依据明传奇《蛟虎记》改编而来。在改编中删除了王浚的两个儿子以宝物应天球双娶老儒时吉二女事,强化了"砸窑"、"路遇"、"打虎斩蛟"等关目。剧情为晋时周鲂之子周处自幼父母双亡,恃勇力,好酒,以强凌弱,经常去一些店铺、作坊收"保护费"。父老患之,将他与宜兴南山猛虎、长桥孽蛟并称"三害"。宜兴太守王浚以三害之说相讽喻。周处闻而悔悟,遂打虎、斩蛟,弃恶为善。剧中老生扮王浚,花脸扮周处。

郝寿臣之周处

正在商量第三天的戏码时,财东罗进才在张少甫的陪同下走了进来,"第三天,贵老板与秦雪梅和这位北京来的角儿唱《刘唐下书》、《乌龙院》、《宋江杀惜》。"

众人齐声说:"好,就这么定啦!"

烟台这个码头,懂戏的人多,票友水平高,外来的角儿很不好唱,弄不好就黑在这里。黑就是"挂黑灯"。彼时,烟台戏园子看戏的座位前都有张条桌,观众听戏时提的照明灯就放在上面。如台上演员一上场唱得真好,领头的把提灯吹灭,一直把戏听完。如果不好或出现纰漏,领头的就在灯上罩上黑纱,站起就走,旁人也齐跟着走,这就叫"挂黑灯",您就算是演砸了,从此您也别再来烟台唱戏了,比北京天津叫倒好还厉害。

金少山在烟台的三天打炮戏圆满收场,非但没有挂黑灯,还赢得了烟台观众的认可。罗财东立即送来了五百大洋算作酬金。

从此金少山就傍起了贵俊卿,凡是贵老板的戏剧中花脸活多由少山承担,特别是《洪羊洞》中孟良一角,非少山不可。这位贵先生美滋滋地逢人便说:"当年,谭大王唱《洪羊洞》,孟良这个活是金秀山老先生的,现在我唱这出戏,孟良这个活由金少山来,我们这是有根有源(缘)呀!"

金少山在烟台缓过劲来,腰包开时鼓起来了,随之又耍起了少爷脾气,生活上无拘无束、放荡不羁,结交一些社会散仙,喝花酒,耍大钱,挣多少包银都不够花。

孙佐臣见此情景很为他着急,一天,便把少山约到海边,语重心长地对他说:"爷们儿,咱是谁?是名人的后代,跑码头是为了闯业,归根,咱还得回北京唱。你没有点志向怎么行?你现在全齐了,就差嗓子这一关了。下点功夫,把嗓子吊出来,你只要有横心,我白给你吊嗓子。"

真是好鼓不用重槌敲,一句话唤醒了梦中人。

金少山双拳一抱,向孙先生深施一礼,忙说:"老爷子,谢谢您看得起我,我不是蠢牛木马,我知道上进,打明儿起,我再坐五年科,不管是风是雨,我天天清晨到南山去喊嗓,上午请您费心,来吊嗓子。"

"好嘞,咱们一言为定!"孙佐臣兴奋地作了回答。

这一次金少山没有食言,翌日,天不亮他就来到了南山,找了个背风处开始喊嗓子。少山喊嗓很有规律,先喊"咦"音,再喊"啊"音,待声音喊开后,便念《草桥关》中铫期的〔引子〕和定场诗及坐场白:

终朝边塞、镇胡奴,扫尽蛮夷定山河。

塞北干戈起战争,南征北剿拜元勋。

将令一出山岳动,镇守边关扫烟尘!

老夫,伴驾王铫——,汉室为臣,奉主之命,镇守草桥不分昼夜防守。可笑王郎贼,约齐各洞蛮夷,前来攻打,被我父子几合勇战,方得两家罢兵停战。正是:旌旗闪闪遮日月,辕门鼓角震天庭。

往后又念《坐寨盗马》中窦尔墩的〔点绛唇〕和定场诗及坐场白:

英雄胆壮,武艺高强、占山冈,谁不尊仰,绿林俺为上。

铁面雄心胆包天,英雄四海美名传。

只恨不遂心头愿,血海冤仇挂心间。

某,姓窦名尔墩,人称铁罗汉。自幼隐居河间,只因有家仇人与某作对,是我一怒离了河间,来在这连环套。多蒙列位贤弟,立俺为首领;每逢下山打富济贫,劫抢赃官,皆列位贤弟之力也!

念完这两出韵白的戏后改念《法门寺》中刘瑾的京白:

腰横玉带紫罗袍,赤胆忠心保皇朝。

四海腾腾庆升平,锦绣江山咱大明。

满朝文武尊咱贵,何必西天拜佛成。

咱家,姓刘名瑾字表春华,乃陕西延安府的人氏。七岁净身,九岁入宫,一十三岁扶保老王。老王晏驾,扶保幼主正德皇帝登基。明是君臣，暗如手足一般。太后老佛爷十分宠爱，认为义子螟蛉干殿下，封为九千岁之职。

就这三出戏来回念，既练嗓子的龙虎音，又练嘴里的劲头。回到住处，孙老叔早备好胡琴等他吊嗓。先从《白良关》的〔散板〕吊起，再到《御果园》的两段〔原板〕，后又吊《坐寨》和《铡美案》的成套唱段〔西皮导板·原板·流水〕一气呵成。

就这样一日日，一月月，连续一年从不间断。

功夫不负有心人，经过苦练，金少山嗓子的高、低、宽、亮音全出来了。

孙佐臣把喜信传给了贵俊卿。贵老板早有耳闻，就对孙佐臣说："我们来出《二进宫》吧。"结果，演出效果惊人，继之少山又贴出了铜锤戏《铡美案》、《草桥关》、《御果园》。以往烟台观众只知他的架子戏好，如今听了他的铜锤戏更觉过瘾。金少山在烟台红了！

金少山喜欢山东人的豪情，此地的观众喜爱金少山的艺术。在这座美丽的海滨城市，三十岁的少山由贵俊卿作伐为他完了婚，夫人杨淑英，娘家是果品行的，由此可见烟台百姓是认可了他。大婚当日，梨园同仁，女家亲朋百十人来庆贺，孙佐臣全权代表男方。

入洞房，掀去盖头，好一位天仙站在少山的面前。

"我是一个唱戏的，我们这行有句话，叫'唱好了是戏饭，唱不好是

虎落平阳盼归林
走马烟台遇知己

金少山之窦尔墩

气饭',你嫁给我可不一定能享福,也许会受罪。"少山深情地对新媳妇说。

"俺们胶东人实在,我嫁给了你,就是你的人。从今往后,俺跟你走南闯北,是好是坏,听天由命。"杨淑英字字千斤。

杨淑英的品行像她的名字一样贤淑,婚后虽未能生下一男半女,却带大金少山非婚生的四个儿女,孩子们管她叫"亲妈",此是后话。

人杰地灵的烟台让金少山得到了休养生息,让他享受到了家庭温暖,让他在舞台上得到了锻炼,更使他的嗓音开始好转,更大的收获是他结识了文武老生白玉昆,给他带来了大的转机。

白玉昆《回斗关》剧照

这位白玉昆也是北京人,幼年在天津德盛魁坐科。他武功瓷实、嗓音嘹亮、扮相英俊,文武老生、武生、红生无所不能,一出科就红遍了北京、天津、山东。说到红生,需要作一简要介绍。

红生,是用红色勾脸的生行,与红净不同。红生多扮关羽、赵匡胤、康茂才一类角色,尤以关羽为主。红生要求嗓音高亢浑厚,要比红净秀气,比老生豪放挺拔。红生有特殊工架造型,演者需有坚实的武功和专门训练才行。

白玉昆这一期应邀来烟台,打炮戏就是和金少山联袂《连环套》。

《连环套》是一出花脸、武生的"对儿戏",两个行当的分量同重。

《连环套》一剧出自《施公案》七集二至九回,又十七至三十四回。内容是窦尔墩被黄三太镖伤后,愤走河间,至口外连环套聚义。十数年后,康熙帝敕命梁九公口外行围射猎,并赐御马"追风千里驹"以示恩宠。连环套喽啰侦知,报与窦尔墩。窦氏闻信自谓夙怨得报,遂更衣下山夜入御营,杀死更夫,盗走御马,并设疑阵,嫁祸黄三太。此时黄三太已去世有年,梁九公即命巴永泰捧旨,星夜火速赴海下调三太之子副将天霸问罪。彭朋与三太有旧情,暗中庇护,限令访拿。天霸化装成镖客去至口外,遇连环套大头目贺天龙,交战擒之,方知窦尔墩在此为首领。追忆前尘,颇觉可疑,乃只身入寨,探访御马下落。天霸与窦尔墩相见,以伪言探得实情。天霸先用软语求告,窦尔墩生疑;天霸道出真名,又以语激窦,约次日山下比武,得以脱身。天霸契友朱光祖,机警过人,恐天霸比武有失,辱没半世英名,于是,夜入连环套,盗走窦尔墩的兵刃护手双钩,并将天霸的钢刀插在窦尔墩的桌案之上,以削其锐气。翌日,双方会面,朱光祖以伶牙俐口,雄辩之才,终打动窦尔墩认罪。

当场,俩人全都铆上,演出非常圆满。烟台观众惊呼"从没看过这么好的《连环套》"。之后又演过对儿戏《断密涧》,白玉昆唱《古城会》少山配张飞,唱《太行山》少山饰铫刚、白玉昆饰王英,并成为莫逆之交,最后结拜为兄弟。这一天两人来到玉皇顶,学着台上的样子头顶苍天,面对大海,点上一炷香,对空三叩首。少山比玉昆年长四岁,为兄。

一天打住戏,白玉昆对少山说:

"三哥,凭您这个份儿,不能老窝在这儿,该上南边大码头闯一闯了。"

少山说："我不是没想过，担心自己的玩意儿还差火候。"

白玉昆说："我看够了。"

"真够了？"少山反问。

"真够了。"玉昆坚定地回答。

于是二人谋划一番后，决定去闯大上海。

此时，上海丹桂第一台的经理来烟台约角儿，双方一拍即合。就这样，金少山离别了他生活了六年的成名地及关心他的友人亲朋，偕同夫人与白玉昆乘船驶向上海。临别时孙佐臣一再嘱咐：

"咱爷们儿有缘，到了南边，用得着我就来信。"

## 灯红酒绿何所惧　豪杰初闯上海滩

1922年冬，金少山与白玉昆来到了大上海，与丹桂第一台签了三个月的合同。

彼时丹桂第一台是一座广有影响的新式剧场，与大舞台、天蟾舞台、更新舞台、共舞台共享盛誉。

这丹桂第一台位于福州路湖北路口，创办人许少卿特请英国人设计，不用中国传统的砖木结构，而用钢筋混凝土。二层大楼，有正厅、楼厅、包厢等，池座中座位宽敞。特别引人注目的是有多处太平门和太平楼梯，这种安全措施令人称道。还有当时较为新颖的转台和五光十色的灯光，该舞台于宣统二年（1910）开张，名角荟萃，生意兴旺。

灯红酒绿的上海滩，岂是一般演员能站住脚的地方。金少山望着大剧院前用霓虹灯组合的名角儿们的名字，心中暗暗发誓，等着吧，总有一天，我金少山三个大字一定会高挂在这里。但眼下，他只能先在剧院"坐包"，他和白玉昆的打炮是《连环套》。金少山饰窦尔墩，白玉昆前饰黄天霸后饰"盗钩"的朱光祖。沪上名角儿麒麟童、盖叫天、赵老开（如泉）等都来捧场。上海的观众本来就爱看新鲜，认为从北方来的这位角儿不错，挺买账，该给的好都给了。少山一看，行，于是打出金门本派的旗号：铜锤兼工架子，连续贴出了《白良关》、《草桥关》、《御果园》、《刺王僚》、《黄一刀》、《青风寨》、《断后》、《打龙袍》、《连环套》等戏。

丹桂第一台的生意不错，双方都赚到了钱，共舞台的经理又约

金少山之包拯

少山去唱一个档期,打炮戏码为《普天同庆》。

《普天同庆》即一十五本的《探阴山》、《铡判官》,剧情比较曲折,内容为:

宋仁宗时某年上元佳节夜,大放花灯,普天同乐。少女柳金蝉外出观灯,被无赖李保诱至家中抢其钗环珠翠后又勒死,尸体被移至喜鹊桥边。翌晨书生颜查散发现女尸,遂报官。而颜查散与柳金蝉实为未婚之姑表兄妹。官府缉凶甚紧,李保畏罪将所得之物再弃之喜鹊桥,恰恰又被颜查散拾得。金蝉父疑颜是真凶,遂以钗环为贼证告官,颜被问成死罪。颜家到包拯处喊冤,包拯亲自问案,感到其中似有冤情,乃下阴曹去查生死簿。柳金蝉冤魂不散,入阴曹控李保,然而判官张洪乃是李保的亲娘舅,乃徇私将生死簿上李保的名易为颜查散,并押金蝉于阴山背后。包拯见生死簿,不信,再至阴山,访柳金蝉鬼魂却久寻不到。遇油流鬼方知实情。包拯大怒,至森罗殿与阎君辩理。阎君终将张洪交出,包拯铡了判官,捉了李保,又将颜查散、柳金蝉救治回生。

金少山扮演的包拯忠于其父的戏路:包拯头次出场场面用了"十三棒大筛锣",四个刽子手分别扛三口铜铡,四个校尉挎腰刀"站门"上场后静场片刻,包拯内喊"开道",这一声"开道"恰似晴天霹雳,震住了在场的观众,顿时"好"声四起。随即场面起

"串锤",包拯在王朝、马汉、张龙、赵虎的护卫下稳步上场。开唱,一句〔摇板〕"食王禄理朝纲扶保宋朝",又是一句炸窝的"好"!往下是怎么唱怎么有。应当说,少山在共舞台的这一炮又响了。这出《普天同庆》连演三十场,场场客满。

此时麒麟童与冯子和正在丹桂第一台上演连台本戏《狸猫换太子》。《狸猫换太子》是被小达子(李桂春)在天蟾舞台唱红了的连台本戏,该剧取材于通俗小说《三侠五义》的第一至四十二回,小达子前饰陈琳后饰包拯,一连排了三十二本,每演必满。前几本的剧情大致如下:

包拯诞生面貌丑陋,被其次兄包海夫妇害之,长兄包山救回抚养。时宋真宗(赵恒)妃李宸产子赵祯,刘妃生妒乃与太监郭槐定计:以狸猫换出太子。遣承御寇珠抛入金水桥下,寇不忍,告知太监陈琳,暗救太子,送入八贤王府中。刘妃诬告李妃产下妖孽,李宸被打入冷宫,而刘妃却被册立为后。后太子赵祯长成,偶过冷宫,见李宸感泣,刘后知而起疑,拷问寇珠,寇珠不屈而死。刘后又火烧冷宫。(以上为头本)

包拯入京应试,途识侠客展昭,夜宿金龙寺,遇恶僧,展昭救难,包拯联姻。李宸因刘后火烧冷宫,被内监救出,流落赵州桥,思念娇儿,日夜啼哭致双目失明。刘后计陷陈琳及赵祯,八贤王力争得免;真宗死,太子赵祯继位(即仁宗)。郭槐再害陈琳,寇珠魂救之,仁宗召包拯入宫驱邪。(以上二本)

包拯在宫闻得寇珠诉冤,仁宗敕建忠烈祠,授包拯为龙图阁学士兼任开封府尹。仁宗纳庞吉女为妃,命庞妃之兄庞昱赴陈州赈济,庞私吞赈粮,荼害百姓,王朝、马汉等投包拯。包知庞昱事,奏闻,奉旨前往查办。庞妃闻知故乘刘后銮驾以阻包拯,包拯打銮驾,刘后欲斩包拯,八贤王救之。包再赴陈州。庞吉遣项福行刺,为展昭所擒,包拯铡庞昱,归京时路遇李宸得实情,夜审郭槐。

小达子（李桂春）《凤凰山》剧照

（以上三本）

白玉堂负气赴东京，刘后因郭槐受审，与庞吉定计，图害包拯，召道士邢吉魔拘包魂，包得病，刘后派王钦若、丁渭林代审。展昭得讯，杀邢吉。包拯病愈查夜，遇太监王恩向王钦若、丁渭林行贿，包拯约同八贤王潜至刑部观审，识破假郭槐，八贤王用金锏打死丁渭林，奏知仁宗，刘后被贬入冷宫，全案大白。仁宗迎回李宸，斩郭槐，祭寇珠。（以上四本）

李桂春把这出戏真唱红了，在上海只要一提《狸猫换太子》，人们就自然想起小达子。别人演包拯都是勾黑脸戴黑满，而他是揉脸，将脸揉成浅黑、黑里透着点红，戴黑三绺。由于演这出戏，李桂春发了家，在天津奥租界置了房产，居室为五层楼，院子里堆假山挖池塘，建亭台楼阁，非常气派。上海反倒成了客居之地。

因为连台本戏的故事曲折，有扣子，很能吊观众的口味，营业好，所以各剧院争相排演，当然，戏路不尽相同。

麒麟童的《狸猫换太子》已经排演完五本，他也是前饰陈琳后饰包拯，现正依据淮调的本子《铡郭槐》移为第六本。麒麟童特请金少山饰演郭槐。少山欣然允诺，因为他平日喜欢听评书大鼓，对《狸猫换太子》的故事了然于胸，便对麒麟童说："周先生，赔好吧您。"

剧中郭槐是一个狡诈阴险的小人，为了使少山文武兼长的艺特点得以发挥,"攒戏的"安排了"献计"、"擒槐"、"公堂"、"监牢"、"夜审"等几场郭槐的重头戏。少山据剧情在唱、念、做、表上做了精心的设计。

"擒槐"一场少山卖的是"舞"。当四个校尉来前来抓郭槐,扯掉褶子和头戴的太监帽并用力一推,少山乘势走了个大"吊毛",这个"吊毛"起得高、落地轻,干净漂亮。当

麒麟童(周信芳)

校尉锁住郭槐,用马鞭抽打着拉出门时,少山用了"单腿跪蹉"的身段,直至下场,气氛火爆,掌声热烈。

"公堂"一场少山卖的是"唱"。一个〔二黄〕成套唱段由〔导板〕〔回龙〕〔原板〕组成,少山唱得大气磅礴酣畅淋漓,又赢来一阵掌声。

"监牢"一场少山卖的是"念"。郭槐独坐牢房有一段内心独白:

咱家自进宫以来,蒙主恩赐让咱家侍奉刘娘娘。刘娘娘哪,万岁爷十分宠爱,好不逍遥自在。……前日,寇承御被娘娘拿去,逼使陈琳,用杖击毙,去了一害。如今,不知何故,又将咱家拿来,百般地审问谋害正宫国母李娘娘一事。这事要是招了,就连刘娘娘也得受那一刀之苦!我又怎么对得起刘娘娘哪!我要是不招,看来我的性命难保哇!

上海滩的观众哪里听过这么有滋有味的京白,又加少山气大声洪,听得那叫解渴,自然又是掌声如雷。岂不知少山有《法门寺》

刘瑾和《忠孝全》王振念京白的底子，这段京白对他来说算不了什么。

"夜审"一场借助《夜审潘洪》的布局，但少山刻画的郭槐不同于潘洪，他把郭槐的惊魂未定、认罪悔恨都表现得恰到好处，在遭责打四十大板时疼痛得连续打"哇呀呀"，接连走"乌龙绞柱"起身、甩发亮相，最后走"抢背"接"硬屁股坐子"，将戏推向了高潮。

这本戏连演六个月，上座不衰。

天蟾舞台的财东顾竹轩约请金少山与名角杨瑞亭合作演传统戏，答应每月包银大洋一千元。

杨瑞亭也出身梨园世家，祖父杨香翠掌管京班"宝盛和"多年，父亲杨德顺专工武旦。杨瑞亭自幼在自家科班学艺，曾跟名武生张其林下过私功，根底扎实。在上海他常演《挑华车》、《长坂坡》、《艳阳楼》、《铁龙山》等大武生戏，红得很。金少山与杨瑞亭商定打炮戏仍是《连环套》。

前场"坐寨"少山从〔点绛唇〕到〔西皮〕的那段唱自然是好，单说"盗马"他又有与众不同之处。少山初学"盗马"时何师爷就曾对他说过：头场边的〔二黄摇板〕有两道蔓，一是黄润甫的路子，他唱七字句，唱词是"乔装改扮下山冈，山洼一带扎营房。蹑足潜踪朝前往，施展本领入营房。"另一道蔓是钱宝峰唱的十字句，唱词是"大英雄为复仇独下山冈，山洼洼路岖岖两顾苍茫。我趁着这月光大胆前往，背钢锋施本领独入营房。"师爷还特别说："戏是人演的，每个人的嗓子、个头扮相、功底都不相同，好角儿都会扬长避短。日后，你想成名，可要记住啊。"

学黄润甫的侯喜瑞和郝寿臣基本都是按黄的这道蔓唱的，只是稍有区别。而金少山唱的却与他们都不同。郝寿臣和侯喜瑞都唱五段，金少山只唱四段。现把金、郝、侯三个人的不同唱词笔录于下。

金少山的唱词：

一、乔装改扮下山冈，只见山洼扎营房，蹑足潜踪往前闯，盗不回御马难回山冈。

二、来至在山谷内用目观望，我找不着御马圈今在何方。耳边厢又听得梆声儿响亮，要成功跟随了他暗地里埋藏。

三、御营内是禁地不可乱闯，又只见看马的人睡卧两旁，我这里将熏香暗暗地用上，施展本领入营房。

四、御马到手喜洋洋，金鞍玉辔黄丝缰，左右相衬赤金镫，项下踢胸对成双，扳鞍认镫把马上，得意洋洋回山冈。

郝寿臣的唱词：

一、乔装改扮下山冈，只见山洼扎营房，蹑足潜踪朝前闯，施展本领我入了营房。

二、来到了御营中四下里观望，寻不着御马圈今在哪厢。耳边厢又听得梆铃儿响亮，要成功跟随他暗躲在一旁。

三、圣天子御营内不可乱闯，纵然是有本领也要提防，我这里把熏香暗暗地用上，熏倒了看马的人料也无妨。

四、白龙驹休得要蹄跳喧嚷，大胆的小更夫也敢逞强，你二人在某刀下命丧，自有那黄三太与你们抵偿。

五、御马到手喜洋洋，金鞍玉辔黄丝缰，左右相配赤金镫，项下踢胸对成双，扳鞍认镫把马上，得意洋洋回转山冈。

侯喜瑞的唱词：

一、乔装改扮下山冈，只见山洼扎营房，蹑足潜踪朝前闯，施展本领入营房。

二、我进得御营中四下里观望，寻不着御马圈今在哪厢。耳边厢又听得梆声儿响亮，要成功跟着他闪躲一旁。

三、御营中是禁地不可乱闯，这时候俺只得谨慎提防，俺不免将熏香暗暗地用上,熏倒了看马的人料也无妨。

四、白龙驹休得要蹄跳喧嚷,胆大的小更夫也敢逞强,你二人在爷的刀下命丧,自有那黄三太与你们抵偿。

五、御马到手喜洋洋,金鞍玉辔黄丝缰,两旁相配赤金镫,项下踢胸对成双,扳鞍认镫把马上,勒转马头奔山冈。

侯喜瑞《连环套》之窦尔墩

侯喜瑞的"盗马"以身上边式、腰腿功夫过硬赢人,郝寿臣的"盗马"以气魄雄伟的身段取胜,那么少山"盗马"的特长又在哪里呢?

金少山的"盗马"论唱腔浑厚、宽宏、高昂、含蓄,论身段大气豪迈、工架完美,完全是一个大英雄的形象。

《连环套》中"拜山"一折是戏核,饰演窦尔墩和黄天霸的两个演员必须势均力敌,两个人要咬得住,任何一个弱一点都收不到应有的效果。金少山与杨瑞亭可算是棋逢对手、将遇良才,几十句对白"啃"得严丝合缝:

……

窦尔墩　某家盗马,原不为乘骑。

黄天霸　不为乘骑,寨主你盗马做甚哪?

窦尔墩　只因绿林有家仇人,与某作对。盗来此马,要报前仇!

黄天霸　噢!噢!寨主的仇人,是哪一家?

窦尔墩　不是镖客提起,某倒忘怀了!适才你那拜帖之上,某那仇人,与你同乡啊!

黄天霸　噢，同乡！

窦尔墩　非但同乡，而且同姓。

黄天霸　这倒巧得很！

窦尔墩　巧得很！

黄天霸　他叫什么名字？

窦尔墩　就是那飞镖黄三太呀！

黄天霸　噢！就是那三太爷！

窦尔墩　老匹夫！

黄天霸　啊寨主，此仇你报不成了！

窦尔墩　怎么报不成了呢？

黄天霸　三太爷归西了！

窦尔墩　啊！那老儿他死了吗？

黄天霸　归天了！

窦尔墩　唉呀！还有他全家大小哇！

黄天霸　寨主！自古道："人死不记仇！"寨主你何不行个宽容大量，饶恕他的满门；三太爷死在九泉，哎！感恩匪浅！

窦尔墩　听你之言，敢么与那三太同姓同宗？

黄天霸　这个！嗯！不但同姓同宗，而且同桌用饭，同榻而眠！

窦而墩　三太是你什么人？

黄天霸　乃是先父！

窦尔墩　你呢？

黄天霸　黄天霸——

窦尔墩　啊！

黄天霸　拜望寨主！

　　　（窦尔墩猛地站起身来，抓住黄天霸的手，二人同时向前

几步奔向台口)

窦尔墩　喳！喳！喳！哇呀呀……

少山的这个"哇呀呀"是三起三落,突出了人物暴跳如雷的绿林性格,声音震耳欲聋,使剧情进入高潮。

"拜山"末尾,窦尔墩送天霸下山,黄天霸唱完几句〔西皮流水〕后窦尔墩要接唱〔摇板〕。窦尔墩的唱词一般是两句"人来与爷寨门掩,黄家之后非等闲"。但也有唱四句和十句的,四句的唱词是:"他父是英雄儿好汉,英雄好汉出少年,喽啰与爷寨门掩,黄门之后非等闲。"十字句的唱词是:"父是英雄儿好汉,天霸可算将魁元,约定了明日山下比武来交战,也不知谁胜谁占先,他若是胜得过某护手双钩铁罗汉,情愿献马到当官,他若是胜不过窦某护手双钩铁罗汉,替父认罪到堂前,喽啰与爷你把寨门掩,不知谁胜谁占先。"而金少山唱的是十二句〔西皮垛板〕:

父是英雄儿好汉,

侠义的英雄出少年。

黄天霸好大胆,

他竟敢一人独自来探山。

明日里山下去交战,

也不知谁胜谁败谁占先。

倘若他不胜某护手双钩铁罗汉,

他情愿替父认罪在此间。

某若是不胜此一战,

某情愿献出御马、随他们去到官。

喽啰们与爷把寨门掩,

黄家之后非等闲。

戏收窠时窦尔墩有几句念白:"我与你父结冤仇,至今怀恨有数秋。插刀盗钩的恩情厚,罢!血海的冤仇一笔勾!"这个"罢"

字少山用高八度的强音,声似炸雷一般,观众又给了个兜底的"好"!

金少山与杨瑞亭的这出《连环套》连演月余,场场客满。

一时间各报纸都以"金少山·铁罗汉"为题大加宣传。

金少山的大名很快就被三鑫公司的巨头盯上了,那么对他来说是福是祸呢?

金少山《连环套》之窦尔墩

灯红酒绿何所惧
豪杰初闻上海滩

## 流氓大亨黄金荣　一心笼络"铁罗汉"

"三鑫"是一家什么性质的公司，这要从头说起。

三鑫公司原本是青帮头子黄金荣为经营鸦片成立的一家公司，股东除黄金荣外还有金廷荪和金刚钻阿金，这三个金凑在一起就是"鑫"。金廷荪是黄金荣的一个徒弟，经营一家赌台，每月获利颇丰。阿金是当时十六里铺一带有名的孀妇，专做金刚钻生意。阿金的丈夫在世时，在城内牌楼开设万昌珠宝店。丈夫死后，她接管了买卖，这个女人很有才干。黄金荣的公开身份是法租界的巡捕探长，便于伪装，是总管，金廷荪管理进出业务，金刚钻阿金委托她的女婿范回春管理财务。

三鑫公司的地点设在法租界的维祥里，整个弄堂被三鑫所包。弄堂口装起大铁门，由安南巡捕日夜把守。从弄堂口到弄堂底，设三道铁栅栏，每过一道，都有便衣巡捕盘问。弄内一共五幢房子，第一幢设写字间、会客间、警卫宿舍，其余四幢全做库房存放鸦片。

黄金荣打着三鑫公司的旗号，安排捕房几百名安南巡捕，开出警备车，公开到码头上保护和运送鸦片进入库房。这些巡捕的费用不用法租界出，而是由黄金荣开支。

三鑫公司的鸦片生意异常兴隆，白花花的银子流入了三大股东的腰包，好不惬意。然而花无百日红，就在三鑫公司大火的时候生意突然淡了下来，黄金荣让手下一打听，原来是大部分货源都进了英租界潮州帮的手里，他们的靠山则是英租界巡捕房的探子沈杏山。黄金荣曾派徒弟杜月笙去对付沈杏山，但效果不大。此时，阿金又撤了股。这个阿金是个有头脑有远见的商客，她见三鑫场面越来越大，难免不出纰漏，俗话说"常在河边走，哪能不湿鞋"，不如乘日进斗金时见好就收。黄金荣气得咬牙切齿，大骂"我黄金荣饶不了你个烂婊子"。然而阿金的女婿范回春用三万银子买了一个上海县太爷的缺，摇身一变成了官场上的人，黄金荣干生气也不敢怎么样他们。

黄金荣不能就此罢休，他要另找一个既能顶替阿金的股东又能与沈杏山匹敌的强手，他谋思良久，决定用杜月笙和张啸林。

现在的三鑫不仅做鸦片生意，也经营娱乐业。黄金荣看金少山是棵摇钱树，就要想方设法拉入自己的卵翼之下。

黄金荣是怎么起家的呢？

黄金荣，字锦镛，因脸上有麻子绰号"麻皮金荣"，祖籍浙江绍兴。当年太平天国的军队一度攻战绍兴，黄金荣之父迁居苏州，在苏州衙门当捕快头，后至上海市三牌楼开了一家小茶馆。1868年12月14日黄金荣生于苏州，后随父至上海。黄金荣共有兄弟姐妹五人，上有兄姐，下有弟妹，他原本是老三，但因其兄早夭，他便成为长子。幼年其父曾送他读书，但他自小顽不可训，读书不成，其父便将他送到姐夫在城隍庙开的萃华堂裱画店当学徒。但黄金荣极不情愿，时常与一些"白相人"厮混。他长到二十多岁还没有供吃饭的真本事，最后还是通过其父亲的老关系，介绍进法租界巡捕房当包探——包打听，子承父业，吃上了捕快饭。

黄金荣凭其老子的关系网，加上长期混迹于"白相人"中，上起富商巨贾下至瘪三乞丐，都有联系，对法租界黑社会内幕颇为熟悉，且为人心狠手辣，对破案很有些办法，深得法国人赏识，逐渐升为华捕头目。随着势力的膨胀，他手下养起了一批"三光码子"，即"包打听"私人收容的助手。这些人大多是地痞无赖，名不见巡捕房之花名册,更谈不上薪水,他们与所从属之"包打听"的关系类似帮会里弟子拜师傅的关系,到处亮出师傅牌子,凭借权势敲诈勒索,靠捞外快谋生。

现在的三鑫不仅做鸦片生意,也经营娱乐业。

上海自开埠以来,发达的商业带动了娱乐业,茶馆、戏院涌现之速令人瞠目。特别是自黄楚九在大世界创办乾坤大剧场之后,一批现代化的剧场拔地而起。现代化的剧场给演员提供了施展才能的条件,给观众带来了无尽的欢乐,给财东们创造了滚滚财源,也成了帮会组织的传统地盘。

黄金荣开有几家戏院、舞台,有荣记大舞台、荣记共舞台、黄金大戏院等颇为现代化的大剧院,专门上演京剧。

盖叫天《艳阳楼》剧照

黄金荣还有"捧"演员的嗜好，特别是有姿色唱红了的坤角，他是非弄到手不可。那时有位坤生叫露兰春，正红，她唱的时装戏《枪毙阎瑞生》非常叫座，黄金荣见此是垂涎欲滴。

露兰春原籍山东，生父是开绸缎店的。她八岁那年，父病故，家产被人侵占，母亲携她流落在北京、天津一带。后其母改嫁，继父见她天姿聪慧、喜听京剧，便让她跟一票友学唱京剧，长大后，取艺名露兰春。十四岁入宝来坤班，在天津升平茶园首次粉墨登场，以《文昭关》、《战蒲关》等唱做繁重的戏显露头角。是年10月，上海的"天仙合记茶园"到天津邀角，这是一家新开的髦儿戏班，她和小桃红等应邀南下，与名坤伶林黛玉、粉菊花同台献艺，广告牌中以"京津著名坤角"以资号召。露兰春以《托兆碰碑》、《九更天》、《洪羊洞》打炮，后又露演了《桑园寄子》、《斩黄袍》《八义图》、《哭祖庙》、《凤凰山》、《骆马湖》等三十余出戏，赢得了上海观众的欢迎。

黄金荣看好露兰春，邀她到在华法交界处修缮一新的共舞台充任台柱。彼时男女合演尚不普遍，黄金荣将自己的剧院取名共舞台，意思是男女可共演的剧院。此时上海正值大演时装戏、连台本戏，露兰春据真人真事排演了一出时装戏《枪毙阎瑞生》以及连台本戏《宏碧缘》来号召座客。《枪毙阎瑞生》中"莲英托梦"一折有个〔二黄〕唱段甚为流行，一时轰动上海滩。唱词如下：

〔二黄导板〕睡蒙眬只觉得浑身大汗，

〔散板〕见姐姐因何故这样的悲伤？

天已晚你就该回转家乡，

为什么披头散发所为哪桩？

问姐姐将以往的事对小妹言讲，

〔回龙〕因甚事要害汝命赴汪洋。

〔原板〕你把那冤亡的事对我来讲，

一桩桩一件件、桩桩件件对小妹细说端详。

听她言不由人珠泪双掉，

好一似万把刀刺在胸膛。

最可叹你死在那麦田以内，

高堂上哭坏了二老爹娘。

忍不住伤心事我难把话讲，

〔散板〕醒来时不觉得睡梦一场。

黄金荣为讨露兰春的欢心，在报上大肆宣传，露兰春三个字用特号字，字体有鸭蛋大。露兰春去戏院，黄金荣派汽车、出保镖，包接包送。他亲自去共舞台为露兰春捧场，意在逼婚。因此，上海滩的地痞流氓，没有一个敢去拈花惹草的。

但露兰春的姿色被浙江督军卢永祥的公子卢筱嘉看上了。这个卢筱嘉与孙中山之子孙科、张作霖之子张学良、段祺瑞之子段宏业并称"四大公子"。

卢筱嘉风流倜傥，喜欢寻花问柳。他在共舞台看了几次戏，便看中了露兰春。凡露兰春演出他必到捧场献花，请吃饭。黄金荣哪里容得，他多次警告露兰春，凡是姓卢的那小子送来的花篮一概扔出去，约请饭局坚决拒绝。

卢筱嘉吃不到葡萄只能嫌葡萄酸，吃不到嘴的肉，也要吐上一口唾液。某日，露兰春在共舞台演《镇潭州》，卢公子带上两个马弁，微服轻车来到戏院。由于黄金荣逼婚甚急，露兰春心事重重，台上出了纰漏，有一句唱腔走了板，台下自有观众听出，但并无一人声张。唯独这位卢公子喝了倒彩，露兰春羞愧难当，跑下后台，失声痛哭。坐镇的黄金荣喊了声"给我打"，早有徒弟上来就给卢筱嘉两个耳光。

卢筱嘉岂肯罢休，两天后，淞沪护军何丰林派了一批便衣到共舞台把黄金荣饱打一顿，再架上汽车绑到龙华护军使署看守所。杜月笙、张啸林意识到此事非同寻常，不仅关系到黄金荣的地位、声誉，还连带三鑫之前程。于是杜月笙便和张啸林找黄金荣的原配夫人林桂生商量如何营救。

林桂生对黄金荣在外寻花问柳设外室恨得咬牙切齿，早就想教训他一下，可一旦人被抓了，毕竟是结发夫妻呀，唉，还是先救人要紧。三人思谋良久，终于理出了头绪，决定三人分头营救：林桂生打电话给黄金荣的好朋友道胜银行买办、大名鼎鼎的虞洽卿，请他去说情；张啸林去找法国领事，请洋人出面向何丰林要人；杜月笙则亲自去见何丰林。

但是，两天过去了，黄金荣还未归家。虞洽卿出面求情，军阀不买账，何丰林也是只敷衍不办实事。

林桂生、张啸林、杜月笙心急如火。张啸林星夜下杭州，去向督军送厚礼。

原来张啸林在莫干山造了一栋别墅，环境幽静，设计、建筑精良，他把这栋别墅"献"给卢永祥后，黄金荣才被放了出来。这件事在帮内称之为"跌霸"。

黄金荣与卢筱嘉的事平息后，他强把露兰春娶回家中，虽说是八抬大轿明媒正娶，但露兰春此时才二十五岁，而且早有恋人，如今整日陪伴年过半百、面貌丑陋的老男人，心中苦楚，可想而知。

黄金荣是个既贪色又爱财的人，深知自己再也不能惹官僚军阀，但剥削戏子不在话下。他看金少山将来必定大有作为，是棵摇钱树，于是就要想方设法拉入自己的剧院充当"坐包"（基本演员）。

黄金荣找了个由头请金少山吃饭。

那一天金少山正演《连环套》，黄金荣在看戏，打住戏，黄金荣趁着掌声未完就派徒弟去后台请金少山到老正兴吃饭。

老板、巨头请艺人吃饭是一件寻常事，但黄金荣要请吃饭不得不让金少山在心里问自己："他为什么今儿要请我吃饭呢？不去是

麒麟童《打渔杀家》剧照

不行的,咱惹不起人家。去了又会怎么样,要让我卖肉?哼,我们唱戏的是人,不是他们的玩物!我见机行事吧。"

见面后双方都很客气,金少山说:"黄老板请我吃饭,我金某人实不敢当。"

黄金荣满面带笑说:"铁罗汉名震上海滩,黄某非常敬仰,我们早该聚一聚啦。"

金少山说:"我们吃开口饭的,借驻贵方宝地,还望黄老板多多照顾。"

"哪里话,哪里话,金老板,为交你这个朋友,来,换大杯。"黄金荣换了大杯。

少山想咱不能得罪他,喝就喝吧。"我们唱戏的应该是烟酒不沾,但既然黄老板发了话,我就舍命陪君子啦。"

"好,干!"黄金荣大声说。

酒过三巡,菜过五味,黄金荣开口:"我想约金老板到我黄金大戏院唱几期怎么样?"

金少山只好应承:"黄老板看得起我,我哪敢不遵命。"

"天蟾给你的包银是多少?"

"先是八百,后是一千。"

"我给你一千二。"

就这样二人达成了协议,从此,双方既合作又斗争延续了近二十年。

## 同行相帮非冤家　幸会"泰斗"慰平生

都说"同行是冤家",但在金少山的字典中找不到这句话。

1924年春,二十四岁的马连良应上海天蟾舞台之约,赴沪演出。在此期间曾和麒麟童合作《群英会》、《借东风》、《华容道》、《武乡侯》、《雪杯圆》、《火牛阵》等戏,营业很好。黄金荣一看有利可图,于是邀马连良到黄金演一期。

马连良

黄金荣约马连良三天打炮戏是:头天《失街亭》、《空城计》、《斩马谡》,第二天《三星归位》(全本《洪羊洞》),第三天《取洛阳》、《白蟒台》。这三场的戏码,都有花脸活儿的重头戏,马连良带的花脸演员是他的师哥侯喜瑞。

这位侯喜瑞先生坐科喜连成,在科内受教于韩乐卿,出科后拜黄润甫为师,专工架子花,他身上边式、腰腿工极好,又有炸音,与另一位唱架子花的郝寿臣已有成名之势,深受京津观众的喜爱。头天侯喜瑞饰马谡,第二天黄金荣特邀金少山加入饰孟良,他看饰焦赞的侯喜瑞块头儿没有金少山高大魁梧、嗓门也没有金少山大,因此找马连良"商量"要求第三天的马武让金少山来演。

金少山得知后犯了难,这一,喜瑞是马连良从北京带来的;这二,我们是师兄弟,都是韩乐卿的学生。接这个活儿犯梨园行的规矩，可要是不接，今后又怎能在上海滩混呢？就在少山犯难之际，马连良和侯喜瑞看望他来了。

"师弟，这件事叫我很为难，咱们不能坏了规矩呀！"少山说。

喜瑞回道："说什么哪三哥，您这是帮我和连良的忙，要不然，人家老板不高兴。规矩不是人定的吗？咱们师兄弟还有什么说的，三哥，您就唱吧！"

马连良也说："三哥，您就来吧！"

少山十分认真地说："既然您二位都这么说了，那我就应啦。"

马连良说："好，今日我请吃涮羊肉。"

唱完这一场，少山借故杭州有邀请，离开了上海。

待马连良与黄金荣相约的期满，金少山才回到上海，并专程去看侯喜瑞。

"兄弟，你要走啦？"

"是啊，期满了，该回去了！"

"愚兄我没有什么可送的，在杭州做了一对彩匣子，是福建大漆的，我留一个，你拿走一个，咱哥俩儿留个纪念吧！"

侯喜瑞双手接过牛皮外包的彩匣子，打开一看，里面镶嵌的是彩色笔架和装有各种颜色的小银碗，两旁是一对白色蜡烛式的灯架，上有乌光灯泡。如此精致美观的彩匣子，实为少见。他连声谢谢。

这个彩匣子，侯喜瑞先生保存了一生。

金少山身在上海滩，多与海派演员同台，但他始终未忘自己是从京城出来的，自然认同京派的玩意

侯喜瑞饰曹操

儿。京朝派的角儿他最服杨小楼,总希望有一天能和这位武生宗师同台献艺,最好是联袂《连环套》,因为论个头、论嗓子都势均力敌。他总是在心中问自己:这个愿望何时能实现呢?

金少山的这个愿望就要实现了。

杨小楼五十四岁那年(1931年),荣记大舞台聘请杨老板于1月17日再次献演。这是杨小楼第四次到上海演出。此时杨小楼的技艺已炉火纯青,"武戏文唱"的艺术风格业已形成,"活赵云"、"活霸王"、"仙猴儿"的称号早被广大观众争相传颂,公誉为"国剧宗师"。

杨小楼第一次献艺上海是在他三十五岁时(1912年),应吕月樵、白文奎之约,受上海大舞台之聘,由白文奎陪同,从天津乘船

杨小楼、钱金福《青石山》剧照

到上海，为时一个多月。《申报》特大广告称"天下欢迎独一无二之著名武生"。

杨小楼第二次到上海是在他四十二岁（1919年），是年因北京第一舞台股东们（杨为大股东）各怀心机，营业不振，杨小楼遂因债权关系宣告破产，负债累累。秋天，上海天蟾舞台老板许少卿，携万金进京，替杨小楼还清债务。小楼应约二赴上海，他带的演员有：谭小培、尚小云、白牡丹（荀慧生）、迟月亭、范宝亭、李连仲、吴彩霞、刘砚芳、傅小山、鲍吉祥、刘春芳、赵寿臣、刘砚亭、李春林、侯海林等，阵容强大。演出的主要剧目有《新长坂坡》、《连环套》、《挑华车》、《麒麟阁》、《义侠除暴》、《红鬃烈马》、《状元印》、《济公传》、《洞庭湖》、《晋阳宫》等。此时还与尚小云、林树森、张德俊、李桂芳等排连台本戏《楚汉争》。

期间，杨小楼还向南方著名昆班武生牛松山请教，学习了名剧《夜奔》，由俞粟庐排曲，牛松山说的身段。

杨小楼第三次赴沪是1922年他四十五岁时，5月28日（农历五月初二日），还是应天蟾许少卿之邀。此次，演员阵容更加强大，同行的有梅兰芳、王凤卿、姚玉芙、姜妙香、郝寿臣、小翠花（于连泉）、王长林、李春来等百余人。《申报》专门介绍杨小楼之《长坂坡》、《安天会》等剧，称其武艺为"天下第一"。这一期小楼的月包银达六千元。

六月中旬，杨小楼与梅兰芳、王凤卿、姜妙香、王长林演出《霸王别姬》，这是在上海第一次露演该剧。《申报》称此剧与"杨小楼前次在沪所演之《楚汉争》大不相同"，是新排的"著名历史好戏"。

这第四次杨小楼带来了马连良、新艳秋、姜妙香、迟月亭、刘砚亭、傅小山、马富禄等，而荣记大舞台的金少山、林树森亦参加。《申报》以"欢迎伶界耆宿泰斗武生杨小楼"大加宣传。终于能和心仪的人同台献艺了,这可乐坏了金少山。但美中不足,资方并没有安排他和杨老板联袂《连环套》。这期演出的主要剧目是杨小楼与马连良、新艳秋全本《汉阳院》、全本《楚汉交兵》、全本《江都县》及杨小楼、新艳秋的《霸王别姬》,还有杨小楼的《林冲夜奔》。金少山与杨小楼只有一出《陵母伏剑》。

　　《陵母伏剑》一剧由清逸居士据历史小说《西汉演义》中的故事所编,由杨小楼与郝寿臣首演,杨小楼饰王陵,郝寿臣饰项羽。剧情为:韩信明修栈道,暗度陈仓,章邯兵败自杀。项羽大怒,命将士捉拿刘邦眷属,却被刘邦故友王陵所救。项羽乃将王陵之母劫至营中,逼使王母修书招降王陵,王母大骂不从。叔孙通代王陵见母,王母伏剑自杀,以激励王陵。

　　《陵母伏剑》中项羽的戏份没有《连环套》中窦尔墩的重,但能傍杨老板唱上一出已经十分荣幸了。露演之日,金少山精神振奋,虽是新戏又是第一次演,但他不洒汤漏水,演出效果观众满意、杨老板满意,而他自己更是了却了一桩心愿。

## 日益声隆红申城　乌龙下界"金霸王"

金少山声名鹊起，红遍了上海滩。麒麟童首先邀他合演《打严嵩》、《华容道》等戏，各剧院的老板们也从北京邀来名角儿和他合作。说到京角儿，不得不提高庆奎。

高庆奎生于清光绪十六年（1890年），虽比金少山小一岁，但成名却早于金少山。十九岁即随梅兰芳到日本演出，后到上海搭丹桂第一台，与麒麟童同班演出。演《珠帘寨》，高庆奎饰李克用，麒麟童配演程敬思；演《胭粉计》，高庆奎饰诸葛亮，麒麟童反串司马懿；演《草桥关》，高庆奎反串铫期，麒麟童反串铫刚；演《莽牛阵》，高庆奎饰田单，麒麟童配田法章；演《大破洞庭湖》，高庆奎饰岳飞，麒麟童饰王佐……由此可见青年时的高庆奎已然是角儿了。

《赠绨袍》高庆奎、郝寿臣

高庆奎经不断历练，技艺大进，他的戏路极宽，能演以唱为主的《斩黄袍》、《逍遥津》、《乌盆记》、《辕门斩子》、《胭粉计》，又能演以念、做为主的《琼林宴》，还能唱武生应工的《翠屏山》、《连环套》，并唱过花脸应工的《铡判官》和老旦戏《钓金龟》。他自组庆兴社，二牌旦角是年轻的程艳秋（程砚秋）。他到上海后，金少山与高庆奎合作过

《失·空·斩》的司马懿、《除三害》的周处、《华容道》的曹操、《二进宫》的徐延昭等。二人不仅台上配合默契,台下关系更加密切,并义结金兰。

小达子是上海红极一时的演员,文武昆乱不挡,擅排连台本戏,继《狸猫换太子》获得极大声誉之后,又排《孙庞斗智》,特邀金少山加盟,饰演主角之一庞涓。

彼时,有些情节相关联的戏如:《遇皇后》、《打龙袍》;《大保国》、《探皇陵》、《二进宫》等,只是单折演出,无人连演。时,老旦演员李多奎在北京大红,消息传到上海,戏迷们想一饱眼福。大舞台老板北上接来李多奎,并约金少山与他将《遇皇后》、《打龙袍》接起来唱,中间不隔开。

日益声隆红申城 乌龙下界"金霸王"

这一天,剧场内座无虚席,戏迷们要争相一饱这两位金嗓的耳福。

李多奎饰演的李后幕内一句神完气足的叫板"苦哇",人未出场就先赢得一片"好"声,接着唱六句〔二黄慢板〕"想当年在皇宫何等安好,到如今我身居在破瓦寒窑。恨刘妃与郭槐心生计巧,她要害哀家我所为哪条?思皇儿把我的双目失了,但不知何日里我才得还朝",有滋有味。一段报家门式的念白后接着唱〔原板〕"我离别了那皇宫院(这)二十余年,哪知道宫中事可还安然?倘若是遇清官判明此案,仇报仇来冤报冤。"这四句唱刚柔相济,末一句中的"报"字用喷口,吐字有力。四句唱完又是一片叫好声。李

李多奎剧照

多奎力拔头筹,金少山怎能拱手相让?他本实大声洪,此时更是铆足了劲,一句〔导板〕"宋王爷坐江山人称有道",这个"道"字的尾音还未落,观众们就喊了一个满堂的"好"。后面唱〔原板〕"汉萧何造律法笔尖如刀。我岂肯袖手观佯装不晓,枉受了宋王爷爵禄官高",末句〔散板〕"回朝把本奏当朝"后,开始转场。这时观众席中纷纷议论:"今天的戏太好了。""两个人都肯卖力。""阿拉好运气。"

在观众的一片赞扬声中,《打龙袍》开演了。赵祯坐场,灯官报完灯名后戏进入高潮。金少山唱完第一段〔快板〕"忽听万岁宣一声,午门来了闯祸的臣。大摇大摆我把龙庭来进"后,剧场内再掀波澜,掌声、叫好声交织在一起。李多奎的李后一改乞丐扮相为官装后,气势大度。〔西皮导板〕〔慢板〕唱得华丽多彩,"花花美景"一个大腔又是肥彩,唱完〔原板〕"待等大事安排定,我把你的官职就往上升"后,开始捉拿郭槐,并将其斩杀。李后大仇虽报,但积压在胸中二十年的怨气一股脑儿地撒在了赵祯头上,一口气唱出了二十八句〔西皮流水〕,由气恨到责骂,最后还要包拯"与哀家拷打无道君"。聪明的包拯以"打龙袍"替代打皇上,得到了太后的赞扬和封赏,并赋予掌管三宫六院的权力。面对太后的如此信任,忠贞的包拯立下誓言"三宫六院某管定,压定了那满朝文武、大小官员、哪一个不遵,某照剑施行"。至此,剧情结束,观众也得到了极大的艺术享受。

金少山日益声隆,被冠以"十全大净"。百代、胜利、高亭等唱片公司相约灌唱片,唱片的发行既扩大了他的影响,又赚足了钞票,生活殷实,好日子终于盼到了。

但金少山大红,是在和梅兰芳演出《霸王别姬》之后。时,梅兰芳与杨小楼、余叔岩并称"三大贤",已成京剧界的领军人物。

1926年冬,上海大舞台约梅兰芳莅沪,此前梅老板多次到申城演出，每次都引起不小的反响。此次梅先生人还没到，《申报》的宣传就提前做足了文章。广告上书写大字"顷接京电即日来申先此宣布礼聘名震世界青衣花衫剧界大王"，11月8日又登"现已抵沪、静养数天择日登台"。梅兰芳此行带有王凤卿、姚玉芙、张春彦、姜妙香、魏莲芳、刘连荣、李春林、朱世芳、萧长华等。黄金荣自然要宴请梅兰芳，张啸林作陪。在酒席宴上，黄金荣对梅兰芳说："当年，梅先生与杨（小楼）老板的《霸王别姬》在上海很红，这次能否再次露演，让阿拉开开眼？"

梅兰芳忙说："我本想把这出戏在上海再演几场，可临来时杨先生病了，恐一时不能痊愈，我想这次也就演不成了。"

张啸林听后想了少顷，便说："如果上海有名角儿能演霸王，不知梅老板能和他合作吗？"

"不知张会长说的是哪一位？"梅兰芳问。

张啸林说："就是'十全大净'金少山。"

为人忠厚的梅兰芳一听，赶忙谦恭地说："太好啦，欢迎欢迎，都是老熟人，我们年轻时就在一块儿唱过《岳家庄》。这次离京之前，王（瑶卿）大爷还嘱咐我要和少山合作，但不知他能同意吗？"

张啸林说："梅老板放心，包在我身上，三天后听回信。"

黄金荣叮咛张啸林："少山提的条件都接受，只要能看到这出戏，不惜一切代价。"

上海滩的寡头们为何如此垂青这出戏呢？

《霸王别姬》的故事与《西汉演义》第七十九至八十四回相同，剧情为：刘邦与项羽约好鸿沟为界，各自罢兵。项羽有勇无谋，刚愎自用，不纳忠言。汉军元帅韩信善用兵，命李左车诈降项羽，诓其进兵。在九里山用十面埋伏，困项羽于垓下。项羽冲突不出，营中听得四面楚歌，疑楚军已降汉，抚骓长叹，虞姬拔剑起舞,慷慨悲歌。汉军攻至,虞姬恐误其行,持剑自刎,项羽战败,自刎乌江。汉终灭楚,夺取天下。明人沈采曾将这个故事写入传奇《千金记》中。该剧由齐如山改编,杨小楼、梅兰芳1922年2月15日首演于北京第一舞台。同年6月中旬,应上海天蟾大舞台许少卿之邀,将此戏献演给申城观众,《申报》曾发表赞美文章,人们记忆犹新。

杨小楼、梅兰芳《霸王别姬》

其实在《霸王别姬》之前,清逸居士曾将此故事编成京剧《楚汉争》,由杨小楼与尚小云在1918年3月9日首演于北京第一舞台。因剧情冗长,须两个晚场才能演完,观众难以接受,只得停演。

《霸王别姬》问世后便引起轰动,成为杨、梅之杰作。杨小楼之项羽,勾白花三块瓦脸谱(钢叉眉、鱼眼窝、黑通天纹黑嘴窝露白鼻头),戴夫子巾后兜八面威、黑满,穿黑蟒黑靠,绣花彩裤,足蹬厚底靴,活脱一副霸王相。梅兰芳之虞姬,梳古装头,顶插如意冠,穿黄帔、戴金项圈,白色绣马面裙子、圆领半肥袖明黄上身,外穿鱼麟甲,系腰箍、飘带,上披串珠改良云肩,黄色绣花斗篷,足穿彩袜、彩鞋,天生一个美人坯。

杨小楼体态魁伟,声如裂帛,虎啸龙吟;梅兰芳雍容华贵,仪表万方,歌喉甜润清越,真是英雄美人,一时之秀也。

日益声隆红申城
乌龙下界"金霸王"

张啸林找到金少山,说明来意。金少山听说是要与梅兰芳合作自然是十分高兴,提出能否先看看本子再定。梅社的大管事李春林赶忙把剧本交给了他。少山一见剧本便痛快地说:"这太好啦!容我看两天,最多三天,再请各位研究。"

张啸林拱拱手说:"金老板痛快,我们敬候佳音啦!"

三天后,张啸林又来见金少山,少山爽快地说:"活儿我应了,但有几个条件。"

"请讲,请讲。"张啸林忙说。

"那我就不客气啦。第一,是包银,我每演一场要六百元,演一场算一场。第二,要添置行头,像黑夫子盔后兜、八面威,黑平金大靠,特大号大纛旗,金杆霸王枪,特别是黄蟒黄靠,一定要蒋顺兴苏绣戏庄来做。第三,我的鼓佬、琴师、月琴、大锣,还有三个箱倌共七个人,每场的开支全由黄老板承担。"

金少山为什么要如此开价呢?就是他平常说的那句话,"我们唱戏的是人,不是他们的玩物"。

梨园豪杰『金霸王』

梅兰芳、金少山《霸王别姬》

"公事"谈妥,《申报》12月8日广告"《霸王别姬》择日开演"。12月9日《申报》又登广告"大新舞台特烦新排名震环球英雄美人盖世无匹历史唯一名剧"择日开演。继之《申报》又隆重刊登:"中华民国十五年十二月二十七日星期一(丙寅十一月二十三日)大新舞台《霸王别姬》"。梅兰芳三个大字"躺"着,金少山与王凤卿的名字"坐"着,其他演员如张春彦、姚玉芙、姜妙香、萧长华都"站"着。广告一出,十天的票一售而罄。梅社的大管事李春林便与金少山一起研究如何排戏。

少山说:有些地方我和杨老板处理不一样,我要这样演。他边说边做身段,要如此如此这般……

李春林连声说:"好、好、好,我回去告知梅大爷,他对您的想法一准会同意。"

是日,上海大舞台满坑满谷,梅兰芳与金少山的《霸王别姬》开演了。金少山果然在不负众望,扮上霸王如同半截黑塔一般,一张嘴山鸣谷应、声震屋瓦,台风伟岸,大气磅礴。他一上场从扮相到唱词都与杨小楼有异,只见项羽上场时场面上不用〔朝天子〕而用〔大发点〕,文扮、穿鹅黄蟒;到台口唱

日益声隆红申城
乌龙下界"金霸王"

拿大枪的霸王

〔点绛唇〕:"战英勇,盖世无敌,灭嬴秦,立楚地,征战华夷。"听过杨老板的观众都记得,杨小楼唱的是〔粉蝶儿〕:"盖世无敌,怎当俺,盖世无敌,灭嬴秦,废楚地,征战华夷。"到"九里山大战"时,少山扮的项羽身穿黑靠、手握大枪,与樊哙、英布、彭越、陈贺、周勃、王陵等六员汉将"大开打",把他们分头打下后,接着又战手持火牌的汉兵,打"九股挡":只见少山将大枪一个"撇勺"扔向上空,接"后背枪"、蹉步、勒马、大吼"哇呀呀",面对像潮水一般杀来的汉兵汉将,奋力厮杀,挑樊哙"倒叉虎"、抽周勃"肘棒子",然后耍"大枪下场"。上海观众喜欢看热闹,对这组火爆的开打十分开心,剧场内掌声如雷。

项羽率军杀进九里山,步入韩信布下的"十面埋伏",杨小楼的演法是项羽唱一句〔西皮导板〕"越杀越勇心暴躁",然后用枪挑汉八将的兵刃,接两句〔散板〕"汉军人马似水潮,不见周蓝接应到",此时周蓝场上接一句〔散板〕"搭救大王出笼牢"。周蓝用枪推开汉八将;项羽下,周蓝被刺死,汉八将追下。而今晚少山的戏路是项羽独自观阵,四处瞭望,他借鉴《铁笼山》一剧中"望兵"的调度,在场面〔九锤半〕的伴奏下推髯、趋步、横枪亮相。当项羽走到台口时,众汉将"两边"上,高声呐喊:"项羽归降!"这时项羽与众人唱牌子〔寄生草〕:"将霸主困在垓心处,九里山一字儿摆下阵图。今有那张司徒吹起伤心曲,众儿郎流泪思乡故,吹散了八千子弟归何处?将军有何面目向东吴,这的是乌江不是无船渡。"金少山在这段曲牌中,突出了霸王刚强的人物性格,他载歌载舞、边唱边打、身段漂亮、干净利落。非大角儿而不能也!

剧演至最后,虞姬闻讯汉兵将至,为使项羽免除挂念,乘机拔出他腰中的宝剑自刎而死。项羽转身、推髯、蹉步急向前,这时只听少山发出一声"哎呀——",这声大吼发自丹田,音似霹雳,四座皆惊！接着场面起〔尾声〕，随着幕落，观众席中发出了雷鸣般的掌声。

演出之后，上海的观众送给他一个"金霸王"的美称。

黄金荣喜不自禁，又续演几场。

时，香港总督去看望金少山，见面说："恭贺你演出成功，我送你一件礼物。"他叫仆人抱来了一只刚满月的小老虎送给少山，说："你在舞台上的形象就像老虎一样。"

上海有家报纸头版刊出大字："乌龙下界，金霸王。"

金少山声誉大振，颇有一日千里之势。

乌龙下界『金霸王』日益声隆红申城

## 仁义礼智信为高　惺惺相惜艺为天

自演出《霸王别姬》后，金少山颇得梅老板赏识。梅先生排新戏《抗金兵》，特请少山饰演牛皋，专有一场"牛皋解粮"的戏。有一次在天蟾演出，戏演至"黄天荡大战"后已过午夜十二点半，观众纷纷"抽签"离座而去，这时才到金少山的"牛皋解粮"，一句闷帘导板"一路上好威风旌旗飘荡"，这一句好似山谷中一声响雷，离座的观众立即回到原位。由此可见金少山的叫座力有多高了。

金少山出人头地，多少同行对他羡慕不已。但他始终不忘自己是梨园出身，不忘底包演员们，经常救济贫困之人，除了赠送衣物还经常请他们吃饭，往往是大轴戏打住后，金少山带着所有参加演出人员去消夜。他常说"为人要讲仁、义、礼、智、信"，其侠义之心令同仁钦佩，特别是他与沪上滑稽大王易方朔论嗓一事后，更令人刮目相看。

马谡

金少山在上海大红后长期驻班荣记大舞台，资方黄金荣以每月两千元的包银，让他唱日夜两场，将他倚为摇钱树。

但金少山是个有血性的男儿，知道黄金荣在剥削他，心中十分窝火，但又不能硬顶，有时便采取误场、回戏的办法来"恶心"东家。有一天，管事派他头二本《连环套》，他却到跑马场看赛马，提调怕他误场，接连派人去催，如同那调岳飞的十二道金牌，搅了他的兴趣，引起他的反感，便对催场的人说："三爷我今天不舒服，告假。"黄金荣只得改换戏码，戏院门口贴出"金少山因病请假"的告示。知情人怎不说东道西，气得黄金荣大骂金少山不识相，非要将他辞班不可。有人从中调和，劝黄金荣勿要一时气愤丢了财源，过几天还派他唱这出，挽回台面。

这一天是星期日，派金少山日夜唱双出，日场：高雪樵、林树森《铁公鸡》，白玉昆、刘筱衡、筱菊红《坐楼杀惜·活捉三郎》，筱月红、筱香红《大登殿》，压轴戏是刘筱衡的《纺棉花》，金少山和白玉昆大轴《连环套》。这一场金少山是格外卖力气，剧场内出现了他一举一动、一念一唱好声不绝的现象。连坐在包厢里的黄金荣都跺着脚连声说："还得是他，还得是他呀，真像个铁罗汉呀！"晚场少山又在黄金荣的堂会戏中演了一出《御果园》，照样是铆足了唱。很多人对此不理解：

"依金老板的脾气不会这样唱呀。"

"是啊，他怎么一点儿也不泡（汤）呀！"

"是够新鲜的。"

而金少山是个懂得分寸掌握住火候的人，他说："在上海唱戏，总得识相，什么事见好就得收，'老麻皮'上回给了我面子，我总得回敬他个面子吧！"此场戏后，黄金荣给金少山加了二百元包银。

这场堂会戏，黄金荣调集了沪上包括京剧、沪剧、淮剧、越剧、滑稽戏以及弹词等名家，艺人们哪个不使出浑身解数！金少山的《御果园》之后，是滑稽戏《花子大教歌》，由沪上首席演员易方朔演出。

易方朔是位有思想的演员，他提倡"游艺救国"，在上海滩名声显赫，他这"方朔"二字系借取汉武帝身旁以滑稽诙谐而闻名的弄臣东方朔的名字。易方朔出口幽默，表情多变，腹笥渊博，人气旺盛，徒弟众多。他演的《财神献宝》、《钦差大臣》都深受欢迎，《花子大教歌》是他的看家戏。

《花子大教歌》就是昆曲和川剧《绣襦记》里的《教歌》一折。故事内容是常州刺史郑儋之子元和入京赴试，游曲江池，遇名妓李亚仙，遂同欢洽；年余金尽，被鸨赶出，沦为乞丐后，跟花子阿大阿二学唱"莲花落"。该戏以阿大阿二为主，郑元和为配。今晚，易方朔在"教歌"里连唱了苏滩《荡湖船》、申曲《卖红菱》、江北调《马前泼水》等，嬉笑怒骂，谐趣盎然。易方朔唱此曲用嘶哑之音，与金少山的黄钟大吕相比，反差极大。观者中议论纷纷，有人说是"天壤之别"，有人赞易是"有滋有味"。黄金荣亦有同感，对金少山的天赋与功力，更是佩服得五体投地，暗庆没有因"罢演"一事辞他出班。

堂会结束，黄金荣请大家消夜，宾客盛赞少山之嗓盖世无双，黄金荣也玩笑似的说："阿朔呀，你听金老板的嗓子多宽多亮，可称是虎啸龙吟，你的嗓子太嘶哑了，今天你能亮出少山的嗓子，我送你大洋五百块。"

听完此话，易方朔正色回答："我没有金老板的本钱，怎么能学得了。可是金老板要能学我的嘶哑音，我情愿倾家荡产，输他大洋一千。"

全堂哄然，目光齐刷刷地看着金少山，有人希望他学两句易方朔的哑音，挫挫他的傲气。

金少山心想：你个老麻皮拿我们艺人当猴耍，我不会让你得逞。他便非常认真严肃地说："诸位不要开玩笑，不要以为'高就低容易，而低攀高就一定难'。易老板的哑音是苦练成的一门功夫，不是随便就能学得来的。大家想想，花子乞讨是一种什么声音？这是易老板从花子们身上学来的。我金少山没有下过这样的功夫，肯定是学不来的。"

话音未落，易方朔双手抱拳，向金少山说："金老板高明，说到我们吃'开口饭'的艺理上了。大家想一想：上海滩的叫花子，有一个用金老板那样的嗓子讨饭的吗？花子中也有支派，也要拜师学艺。例如：想当'滚地龙'，必须剁去双腿，充当残废；想当'开花头'，必须在额顶上用胶粘固三把剃头刀，涂上红药水，假充血迹斑斑，吓人恶讨；想当'送财神的'，必须学会弄蛇的手段……"易方朔又问大家知道嘶哑嗓的来历有多久远吗，说到这里，易方朔故意卖了个关子，继而问："大家知道祖师爷是谁吗？告诉你们，就是战国时的豫让呀！"说到这里大家又是哄然一笑。

金少山听着频频点头，黄金荣却默默无语。

易方朔接着说："我原本嗓子很亮，为了这出《花子大教歌》，特意把城隍庙里的花子请到家中，好菜好饭，才学来这变嗓发音的方法。"

金少山一拍大腿，站了起来，"诸位，我没说错吧？我就知道易老板的嗓子是练出来的。"金少山走近易方朔拉着他的手诚恳地继续说："咱们是隔行不隔理，练嗓子都要有门道。行行不同，各有诀窍。今天真要叫我学您的哑音，这一千块大洋，准拿不到。"说完哈哈大笑。众宾客也无人不笑。此次论嗓之事不胫而走，传遍南北。

仁义礼智信为高
惺惺相惜艺为天

金少山人气旺，上座率高，相邀演出频繁，据荣记大舞台戏单所载，仅在1930年的12月份就应承华社之邀陪梅兰芳演出十七场：

12月4日　梅兰芳、萧长华大轴《女起解》，压轴王凤卿《文昭关》，前面有金少山的《探阴山》。

梅兰芳之韩玉娘

12月5日 梅兰芳大轴《四郎探母》，压轴谭富英《定军山》，前面有金少山的《万花亭》。

12月7日 梅兰芳、王凤卿、萧长华、金少山大轴《法门寺》。

12月12日 梅兰芳、姜妙香、姚玉芙大轴《俊袭人》，压轴王凤卿《取成都》，前面金少山的《李七长亭》。

12月15日 开场朱桂芳《无底洞》，继之林树森《武昭关》，高雪樵《秦怀玉》，金少山《探阴山》，压轴谭富英《定军山》，大轴梅兰芳、王凤卿、萧长华、姜妙香全部《姻缘错》。

12月16日 梅兰芳、王凤卿、金少山、萧长华、姜妙香《霸王别姬》。

12月17日 大轴梅兰芳、王凤卿、萧长华、姜妙香《杨贵妃》，压轴谭富英《奇冤报》，中轴金少山《刺王僚》。

12月18日 大轴梅兰芳、王凤卿、萧长华、姜妙香《杨贵妃》，压轴谭富英《搜孤救孤》，中轴金少山《万花亭》。

12月21日 大轴梅兰芳、王凤卿、金少山《霸王别姬》。

12月22日 黄府堂开场谭富英《当锏卖马》，继之谭小培《摘缨会》，王凤卿《举鼎观画》，金少山、马连良《取荥阳》，杜夫人《喜封侯》，马连良《三家店》，大轴梅兰芳、姚玉芙、杜月笙、洪雁宾《大登殿》。

12月23日 大轴梅兰芳、王凤卿、萧长华四本《杨贵妃》，压轴谭富英《南天门》，中轴金少山《牧虎关》。

12月24日　大轴梅兰芳、谭富英《四郎探母》，压轴王凤卿《伐东吴》，中轴金少山《探阴山》。

12月25日　大轴梅兰芳、谭富英、王凤卿全本《美人计》，压轴金少山《刺王僚》。

12月26日　大轴梅兰芳、王凤卿《武昭关》，压轴谭富英、金少山《失·空·斩》。

12月28日　日场大轴梅兰芳、姜妙香《奇双会》，压轴王凤卿《取帅印》，前面金少山《打龙袍》。夜场大轴梅兰芳、王凤卿、姜妙香、萧长华《凤还巢》，压轴谭富英、金少山《洪羊洞》。

12月29日　大轴梅兰芳、萧长华、姜妙香《黛玉葬花》，压轴王凤卿《取成都》，前面有谭富英《击鼓骂曹》，金少山《李七长亭》。

12月31日　大轴梅兰芳、王凤卿、萧长华、姜妙香全本《宇宙锋》，压轴谭富英、金少山《黄金台》。

从戏码的顺序排列可以看出，他自己的剧目由开场的四五出的位置上升到中轴和压轴，这对于花脸行来说，是个不小的荣誉。

仁义礼智信为高
惺惺相惜艺为天

## 风花雪月好潇洒　　跑狗赛马斗蟋蟀

金少山日益声隆，被冠以"十全大净"。百代、胜利、长城、高亭、大中华、蓓开、国乐等唱片公司相约灌唱片，唱片的发行做到了双赢，资方和金少山都赚到了银子。

几年来百代公司就灌了《普天同庆》两面，《连环套》两面，《忠孝全》两面，《御果园》两面，《黑风帕》两面，《霸王别姬》两面，《二进宫》两面，《托兆碰碑》两面，《打黄盖》一面，《上天台》两面，《捉放曹》一面，《法门寺》两面，《焦赞孟良》两面；

胜利公司灌了《草桥关》两面，《大保国》一面，《黑风帕》一面，《盗御马》两面，《取荥阳》一面，《霸王别姬》四面，《太行山》两面，《锁五龙》两面；

长城公司灌了《连环套》两面，《阳平关》两面，《铡美案》两面，《打龙袍》两面，《御果园》一面，《审潘洪》一面，《空城计》一面；

高亭公司灌了《牧虎关》两面，《探阴山》两面，《锁五龙》两面，《审李七》两面，《托兆碰碑》两面；

蓓开公司灌了《打严嵩》一面，《穆柯寨》两面，《霸王别姬》一面，《探阴山》两面，《洪羊洞》一面，《法门寺》两面，《审李七》两面；

大中华公司灌了《丁甲山》一面，《探阴山》两面，《连环套》两面，《牧虎关》两面，《黄鹤楼》一面；

国乐公司灌了《连环套》两面,《牧虎关》两面。

灌录唱片最多的是《连环套》和《霸王别姬》,但和他合作的演员有所不同,如:《霸王别姬》,胜利公司灌的四面,饰虞姬的是筱菊红,而高亭公司灌的两面饰虞姬的是于莲仙。琴师也不相同,灌《连环套》,最早是石荣芳,后换厉彦芝。

金少山唱片

在灌唱片的初期还有个小插曲:1925 年,金少山首次在百代公司灌《普天同庆》,少山在录音棚内的话筒前试音,第一句导板未完,在隔音室机房之中的工程师夺门而进,告诉老板:人世间怎么会有这么大的嗓门,这哪里是唱,简直是吼。我这收音机中的六双真空管的灯丝,全给震断了。老板回答:我早就告诉过你,少山之可贵,就在他的嗓子超出常人。既然机器已损坏,咱们改期吧。工程师说:三天后再灌吧。三天后,少山再去灌片,工程师让他站的位置后退十二尺,试音结果,音太散;又在拾音之口塞上棉花,音又闷。最后让少山站在平时工作人员的位置——操作台子的后面,收的音才算圆满。

风花雪月好潇洒
跑狗赛马斗蟋蟀

灌唱片与台上实唱是不一样的,因有时间制约,一个唱段往往要减掉几句词,同一出戏唱词也小有变动,如最有名的那个成套的包拯〔二黄〕唱段,1925 年百代公司以《普天同庆》灌的唱词是这样:

〔二黄导板〕辅大宋锦华夷赤心肝胆,〔回龙〕为黎民无一日心不忧烦。

〔原板〕都只为那柳金蝉屈死凄惨,无凶犯错判了年幼儿男。

我且到望乡台亲自察看,又只见小鬼卒大鬼判,押定了屈死的亡魂,项戴着铁链,悲惨惨阴风绕,吹得我透体寒。

站立在望乡台用目观看,开封府那就是我自己的家园。

牙床上睡定了蓬头铁面,王朝马汉睡卧两边。

可怜他初为官定远小县,可怜他断乌盆又被人参。

可怜他挨时光又把君见,可怜他为查散下阴曹、游五殿,一殿一殿哪得安然!

观东方一阵明一阵黑暗,那就是受罪处名叫阴山。

柳金蝉一定在那里受难,俺包拯定要入虎穴龙潭。

叫王朝与马汉向前催趱——

而到了1928年大中华公司以《探阴山》之名灌的唱词则作了微调:

〔二黄导板〕辅大宋锦华夷赤心肝胆,〔回龙〕为黎民无一日心不忧烦。

〔原板〕都只为那柳金蝉屈死凄惨,无凶犯冤枉了年幼儿男。

我且到望乡台亲自察看,又只见小鬼卒大鬼判,押定了屈死的亡魂,项戴着铁链,悲惨惨阴风绕,吹得我透体寒。

站立在望乡台用目观看,开封府那就是我自己的家园。

牙床上睡定了蓬头铁面,王朝马汉睡卧两边。

可怜我初为官定远小县,可怜我断乌盆又被人参。

可怜我挨时光又把君见,可怜我为查散下阴曹、游五殿,一殿一殿哪得安然!

观东方一阵明一阵黑暗,那就是受罪处名叫阴山。

柳金蝉一定在那里受难,俺包拯定要入虎穴龙潭。

叫王朝与马汉向前催趱,〔散板〕山林内因何有一鬼孤单?

虽然只是作了几个字的调整,但从文理上讲更加合理,这足以证明金少山是一位与时俱进的艺术家。

由于唱片的大量发行,从金少山那铜嗓钢喉发出的醇而美的黄钟大吕之音,飘荡在上海滩的餐馆商号和平民百姓家中,成为一时的流行之音。

大把的银子进了金少山的腰包。

俗话说"温饱思淫欲","常在河边走,哪能不湿鞋"。金三爷抵不住十里洋场花花世界的诱惑,他的老毛病又犯了。

十里洋场花花世界,张灯时分,霓虹灯下,大队"青楼群芳"在夜幕

金少山扮戏抹白

初降之时齐聚在大街两边商店檐下集体亮相,一个个作出淫荡之态,孤旅寡男是她们拉拽的对象,经不住诱惑的男人就成了她们的钱奴。

阔太太、名舞女甚至娇小姐"结交"戏子的事也不新鲜,名角儿遇艳也司空见惯。

金老板有请同仁吃夜宵的嗜好,经常是打住戏后,他会说一句:"今晚的夜宵我包了。"于是一群人浩浩荡荡跟在后面进了一家餐馆,看着同行们大快朵颐,金少山是真高兴。

酒足饭饱,演员们道过谢络绎而去,就在金少山迈步出门之时,面前出现了一位打扮入时、身材窈窕、含情脉脉的女子。"金老板请留步。"这位女子喊住了金少山。

金老板望一眼这位美娇娇,只见她身穿一件月白色软缎旗袍,苗条而不失丰腴的身腰被紧裹着,胸口隆起的乳峰隐约可见,两条雪白的腿露在旗袍的开衩处,看打扮二十来岁,一张粉脸,嫩得滴水,一对大眼睛透着温柔的流盼,心想莫非我也遇艳了?"这位小姐,咱们不曾认识呀。"少山作了如此的回话。

"我可早就认得你金老板了,不过那是你在台上,我是你的戏

迷。"

"噢！想不到我能有这么漂亮的女戏迷，哈哈哈。"

"我请金老板去喝杯茶您不会推辞吧？"

金少山心想去就去吧，反正她也吃不了我，"好吧。"金老板随这位佳人来到了××酒店的包房里。

进入包房后，女子脱去外衣说："我是凯乐门的舞女，常看金老板的戏，您在舞台上叱咤风云，雄赳赳一副男儿汉相，好让人喜欢。"

少山说："爱看花脸戏的都是男人，我勾上脸不把你给吓着？"

"我就喜欢像你这样高大魁梧的大男人。"说罢一头扑到金少山的怀中，双手紧紧地搂住了他的脖子，用涂满口红的嘴吮住了少山的嘴。

……

不知不觉天已大亮，少山起身要回中央大旅馆他的住处。"我金某人向来不做亏人的事，到我那里去拿银票。"

"我送上门不为钱，我喜欢你这个人。"

这话说得让金少山好生感动。此后，他们又见过几面。

不知不觉这件事就传开了。

金老板有了相好的，后台的人似乎都知道。可怕的是这件事也在青楼舞厅这些地方流传开了，有人认为金老板是棵摇钱树，就想方设法让金老板入巷。

上海滩高等妓院是公开的经营机构，不算是羞耻行业。每当有新开张的妓院开张，或有高等妓女转到别的妓家或是更换花名，都会在小报上刊登消息。妓女被唤作"先生"，她们的职业不仅仅是陪床，应召出局、陪伴男人吃喝打牌似乎更是主业。当然，目的只有一个：赚钱。而金老板偏偏不会理财，花钱如流水，什么该花不该花的，只要痛快，花多少都不心疼。

金少山本来就是个性情中人，有名花攀枝何必不采？什么事就怕上瘾，金老板一来二去，这唱戏挣来的白花花银子可就流入了她们的腰包啦！在与这些人的交往中，金老板比较喜欢一个花名叫"林黛玉"的"先生"。两人每次见面，金老板先在"罗汉榻"上吸足大烟，然后再尽情说笑。自然，赏钱是决不会少的。妓院周围那些做衣裳、卖珠宝首饰的也乘机上门"服务"，首饰盒里装满了昂贵的金钗、玉簪、珍珠和珊瑚头饰，金老板决不吝啬，往往是一口价，要多少钱就给多少。

纸是包不住火的，这些事怎么能不传到杨夫人耳中？找了一个合适的机会，杨淑英说话了："你的那些事我都知道啦。"

金少山倒也不狡辩，一口承认："是有这些事，你不怪我吧？"

"我不怪你。"杨淑英温存地说，"我也想了，自嫁给你这些年，也没给你生下一男半女，你要在外边找人，可得找个能生儿育女的好人家。有了孩子，我给养着。"

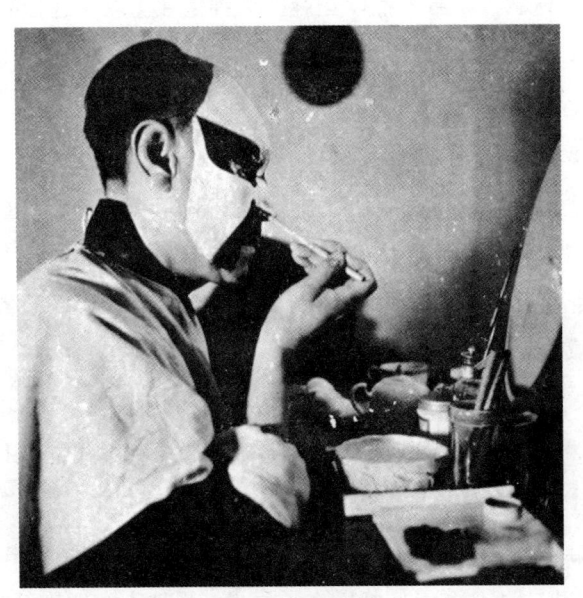

金少山在勾脸

风花雪月好潇洒
跑狗赛马斗蟋蟀

少山听罢此言,极为感动,他给杨淑英深施一礼,发誓道:"好媳妇,我金少山这辈子决不亏待你。"

金少山还有个毛病,腰包一鼓,手就痒痒,不要钱他就难受!

上海滩的赌博五花八门,张啸林总结出十八种玩法:

一、打花会。在光绪末年传人上海,本大本小均可,故上至达官贵人、富商大贾,下至贩夫走卒、妇孺小儿,都被吸引。这种玩法是将36位古人和36种动物分别相配,画在画轴上,将画轴拴在赌屋的横梁上,参赌的人便自认一组并注上钱数,投入到一个小木柜中,到了规定时间,设赌者当着参赌人的面从梁上摘下画轴打开示众,让参赌者看清画轴上的组合,然后设赌者再打开木柜,取出参赌人押的字条。如果押对了,参赌者可获得三十倍于赌注的彩金。如果未中,赌注的钱就全归设赌者。由于画中的组合名不易记,所以设赌者在每组画像下的左下角,配缀一张挖花牌图案,作为识别的标志,参赌者都以花牌图案押赌注。故,这种赌法就叫"花会",赌博有如猜射,所以又称"打花会"。

二、投宝,亦称摇宝、摇摊。

三、番摊,亦称摊狂、掩钱、压钱。

四、山票。这种赌法是选用《千字文》最前一部分由"天地玄黄"到"遐迩一体"止(中间删去"吊民伐罪"一句),共计一百二十个字让人猜,投买者选买十五个字为一条,所以又名"十五字有奖义会"。

五、铺票。这是以店铺名供猜的有奖彩票。

六、天九。是由两股的筹子组合成二十一种牌式,其中十张为单张、十一张为双张,共三十二页。成双的叫"文子",单张的叫"武子"。文子中有天牌、地牌、人牌、和牌……武子中有"四五"、"三六"……天九牌以文子为贵,天地人和四牌都是文子。文子中天牌为首,武子中红九(四五)最大,因文队尊为"天",

武队尊为"九",故称"天九"。

七、牌九。

八、马吊,又称"马掉脚"。因打牌时必须四人共玩,缺一个如同马掉一足,不能进行。马吊一副四十张,牌为长方形,长约二寸,宽约一寸,四十张叶儿分为四门:十字门、万字门、索字门、文钱门。

九、纸牌,又称麻雀牌。

十、麻将。

十一、斗蟋蟀。

十二、赛马。

十三、跑狗。

十四、回力球。

十五、彩券。

十六、六合彩。

十七、轮盘。

十八、角子机。

跑狗赛马斗蟋蟀　风花雪月好潇洒

上海滩有个闻名全国的赌窟——福熙路181号。这是张啸林开办的。

福熙路181号环境幽静、装饰豪华,原为汇丰银行买办席鹿笙之父所建,三层英式洋楼,外有花园,占地约60余亩。因席家另置房产,被张啸林买下。

张啸林之所以看中此处,因为此地安全。它前门面对法租界,后门又是公租界,万一有来抓赌的,前后门都可溜之乎也。

福熙路181号开张之初,只是三鑫公司同仁俱乐部,需凭会员证入场,后来扩展到会员的家属、亲友都可入内。最后,凡有钱愿赌者来者不拒。于是,一些闻人、大亨、财主、名角儿也纷纷前来豪赌。

赌窟的一楼、二楼，设有三十六门的轮盘赌台八张。环绕在中间大厅的四周，又有几十间小赌室，牌九、麻雀，还有单双、大小四门摊、梭哈摇缸，中西赌具，一应俱全。三楼为休息场所。

场内供应齐全，服务周到，实行"四白"。

所谓"四白"就是赌徒只要先付二百元买了筹码并开始下赌后，便可以白吃、白喝、白吸、白坐。赌场内设有中西餐厅，供应各式大菜，酒吧间供应高级名烟名酒、咖啡，有烟榻供应上等大烟，这些都任赌徒随时享用，不收分文。如果是乘自家汽车来的，赌场还会付给司机四元钱，乘出租车来的，车费则由赌场支付，如带保镖侍从的，每人还发四元饭钱。

赌场如此大方，无非是羊毛出在羊身上，张啸林可算是算计到了家。

有人向金老板介绍了福熙路的181号，引起了他极大的兴趣。他就是这样的一个人：凡没玩过的他要玩，凡没看过的他要看，只要新鲜管他花费多少银子，大爷开心就行。但这个赌窟岂是你金老板去的地方，去一次，输一次，没去几次，就输了个精光。他把兴趣又移到了赛马、跑狗、斗蟋蟀上。

金老板本来就喜爱动物，家里养着猴子"小猴三"，喂着京巴"小黑炭"和蒙古狗"大傻黄"；更有甚者，还养着一只小老虎。这只小老虎是金少山与梅兰芳赴香港演出《霸王别姬》后，港督哈林先生有感于少山之霸王像只猛虎，而专门买来送给他的。回到上海，少山给小老虎的脖子上佩戴了一条加重的赤金项链，每天要喂二斤多牛肉。有一天，金老板高兴，牵着小老虎遛弯儿，吓坏了一位阿婆。回家后，少山想不能再生是非，于是把小老虎送给了上海的动物园。

上海滩先后有五大跑马场：最早的跑马场由英国人建在花园弄，占地80亩，时人称其为"老花园"，此为第一跑马场。后来地

宝马良驹

价上涨，洋人又获得特权强行圈地，新建"上海跑马场"，占地170亩，时人称为"新花园"，此为第二跑马场。由于地价不断上涨，"上海跑马场"所有地皮又被分割出售，有人又新建一座占地500亩的"跑马厅"，此为第三跑马场。后有日籍华人叶贻铨主持新建一占地1200亩的"江湾跑马场"，此为第四跑马场。后来有帮会商人范回春者发行股票，得汉口巨商援助，成立"中国赛马会"，又建一跑马场，占地800亩，时人称之为"引翔跑马厅"，此为第五跑马场。

上海滩赛马场赌博的花样很多，如香宾赛、金樽赛、大皮赛、新马赛、马夫赛、余兴赛、拍卖赛、初学赛等等。以香宾赛最为流行，就是给参赛的马下赌注，实际也是押金钱碰运气。场上的骑师在争前抢后，看台上的看客也在为自己下注的马叫喊加油，跑马总会为增添兴趣，还有摇奖项目。

香宾赛一般每年春秋两季举行两次大赛，发行香宾票，曰"发财票"。立头彩、二彩、三彩等许多大小不等的奖金，且头彩定得极高，若得中头彩，顷刻成为富翁。香宾票每张票价十元，所谓一本万利，因此，购票者甚多。但金老板赌马并不是为了发财，纯属是为了高兴找乐子。为了看马赛，他可以误场甚至"罢演"。

跑狗与赛马的性质相同，金老板对跑狗的兴趣似乎比看赛马还浓，为参赛他每次都掐着表。当时的上海有三处跑狗场，赌客要先下注：在赌场中悬挂参赛狗的名字，在赛前把狗关在铁笼之内，外面标着狗的名字和号码，赌客看中哪只狗，就买某号的狗票，票数不限。跑时，一般有六只狗参加，比赛开始会放出一只电动的兔子，这只假兔子沿着轨道向终点跑。诱使参赛的狗追兔子，在追逐的过程中分出前后名次，哪一条狗第一个到达终点就是获胜狗，买中者就立发奖金。

斗蟋蟀是金老板的最爱，打小他就喜欢。

蟋蟀，俗称蛐蛐，古时称蛩，也叫促织。斗蟋蟀，源于唐。《开元天宝遗事》载："宫中秋兴，妃妾辈皆以小金笼贮蟋蟀，置于枕畔，夜听其声。庶民之家亦效之也。"到宋代，斗蟋蟀已逐步盛行。南宋宰相贾似道热衷于斗蟋蟀，积其所好著成《促织经》，为蟋蟀的捕捉、识别、饲养、斗法提供了详细的注解。至明，斗蟋蟀已达顶峰。宣德八年，苏州朱镇抚上贡的一只"黄麻头"，斗败了宣德帝养的名蟋蟀"梅花翅"，宣德帝大喜，御旨亲封"黄麻头"为"金丝黄麻头"，上贡者朱镇抚亦"加官两级"，赏赤金百两。次年七月，宣德帝又特向苏州知府下诏要苏州上贡蟋蟀一千只。当时，苏州一带流传一首民谣"蟋蟀曜曜叫，宣德皇帝要"。清代也斗蟋蟀成风，赌斗蟋蟀，有价值数千金者。

清宣统时，北京、南京、上海都设赌场，斗蟋蟀场面十分隆重。赌局有司称、记账、监局负责组织。其程序是，登记、编号，交"缴彩"钱。然后称蟋蟀重量，编组，编上号码，把罐口封住。

开斗前,把重量相等的两只作一对放入斗罐。罐中有栅,将虫隔开。开斗时,监场高喊"开栅",服务人员即将栅提起,然后用芡草(也叫芡荽,一般用细竹或象牙作杆。杆头缀老鼠须做成,少数用草)引逗蟋蟀相互争斗撕咬。可以自斗,也可以叫人代劳,代斗者叫"掌芡"。斗咬中,撕咬得胜振翅高鸣者为赢。被咬而退,掉头逃走者为输。监局叫一声"提",就算定局。胜者得赏,叫"赏红花"。

金少山从小玩蛐蛐,说起来头头是道。他时常回忆儿时在安定门城墙根下逮蛐蛐的乐趣。那时和几个小伙伴,带着蛐蛐罩子,竖着耳朵听,哪一个蛐蛐的声音洪亮,就用罩子扣住,捉到罐子里,养好后去和人家斗。他和跟包的说:"你们知道吗,这种虫是有品级的,蟹壳青、青麻头、铁头青背、大黑青背、黑头赤金、琥珀青、紫黄这些都是名贵品种。好蛐蛐多产于山东宁阳。"一天,他对跟包的阿四又讲起了他了解的蟋蟀经。他说:

"看一只虫的好坏是有标准的,也有相法:一要看头形。蟋蟀的斗性关键在头形,这头形分为七种。

1. 寿星头。是一种长圆头,星门及头向前凸起,酷似老寿星而得名,为最上品。

2. 大圆头,又称珍珠头、菩提头。要四面高大结绽直而圆大,也属上品。

3. 小圆头。与大圆头仅大、小之区别,也要圆绽,配长衣和拖肚易成将,属一般。

4. 四方头。两边有棱角,俗称四字头,属一般。

5. 尖头。星门突出成尖形。

蟋 蟀

风花雪月好潇洒　跑狗赛马斗蟋蟀

6. 算盘珠头，也称柿子头，属下品。

7. 浅头。头根短，面部平，属下品。

二要看头色。头色是指顶部和额部这两个部分，俗话说：头色不分，必为下品。色要这样来分，额部色要深于顶部，但不是完全不同的两种颜色。头色的特征在脑盖上。

三是看斗丝。看一只虫品级高低主要看斗丝，斗丝俗称顶线、脑线、麻路。直者为斗丝，枝生杈为麻路，黄色为金斗丝，白的为银斗丝。斗丝应该细直隐沉，两边清晰为上品。

四要看眼。蟋蟀的眼要有光，黑如点漆，突出于额角者为上品。

五要看须。须以粗长为上品。

六要看脸。

七要看牙。牙分十种，即钢牙、灰菱白牙、紫花钳牙、红牙、白牙、黄板牙、花牙、铁门闩牙、蛋牙、铜铡牙。而牙、牙形也是重要的一项。

养蛐蛐离不了蛐蛐罐，这罐也有讲究，好罐出自苏州城北一个叫陆墓的地方。那里的窑厂用土、制样、画器、题款讲究得很。"

听他讲蟋蟀经的人个个似懂非懂，都说"敢情养蛐蛐还有这么大的学问"。

少山哈哈一笑，说："小子们，生活中到处是学问，好好学吧！"

为养蛐蛐，金老板从古玩店花重金买回了一对前清制罐名家邹元隆题款的罐，又买回了名蛐蛐"青麻头"、"铁头赤金"、"琥珀青"，选上好的毛豆作食，闲来时坐在沙发上，端着犀角鼻烟碟，一边闻着鼻烟，一边听蛐蛐那清脆的鸣声，那叫一个美。下场比赛时，专请人操作芡草，一定是去当时上海赌资最高的春风得意楼，在那里，"赏红花"高达千元。但金老板的虫若斗输了，他哈哈一笑,若斗赢了,赏红花的钱除了给操芡草的人外,大部分是请随从人员吃大餐。

金少山是美食家,鲁菜、粤菜、淮扬菜、本帮菜都吃遍,又去吃素斋。那素斋名目品种繁多,什么"一指禅"、"野鸡卷"、"奶头香"、"鹿肉脯"、"扎驴筋"、"野猪叉烧"、"鲍鱼脯"、"燕翅羹"、"瑶柱汤"等等。

素斋的基本原料是豆腐、蘑菇和鲜笋等。

金老板一行人开怀畅饮,饭店老板不失时宜地讲起他的用料:"我选用的料非常讲究,一斤张家口的口蘑,也就取半斤,一棵江西庐山的冬笋,只用笋头脆嫩半截,河南信阳的猴头菇要挑核桃大的。烧斋的汤料,要雄山鸡、金华火腿与鲍鱼合在一起熬成汤,撇去油星,才可派上用场。"

"好好好,下次我们还来。"酒足饭饱的金老板带领一行人高高兴兴地离去。

风花雪月好潇洒
跑狗赛马斗蟋蟀

## 挥金如土当行头　仗义疏财救乞丐

这一天金少山身子有些疲倦，不想去剧场演出，便写了一张便条说自己有病，派他的小猴三儿给剧场送去。

金老板养的小墨猴叫猴三儿，十分聪明伶俐，这是他的一个结拜兄弟、武生演员袁小楼去广西演出带回来送给自己的。经少山精心训练，小猴三儿见了客人会鞠躬、倒水、拿水果、拿鼻烟碟儿，还学会了烧大烟。少山拿它当个小孩子，给它做了小西服、小礼帽，出门还要系领带，夹着公文包，拿着小手杖，不离少山左右，俨然像个小少爷。

猴三儿吃的是西餐，有专用的小桌子，盘子里有土豆、西红柿、牛排、面包，还有一杯牛奶。吃时先在胸前围上一块白餐巾，然后右爪用刀，左爪用叉，吃得干干净净，从不浪费。

聪明的小猴三儿领命后，穿戴整齐，拿着小手杖，夹着公文包出门，跳上金老板的私人汽车，司机把车开到黄金大戏院。猴三儿像少山一般大模大样地走进后台，把便条放在管事的账桌上。后台剧务看过后，立马写了一个回条：请老板安心休息。猴三儿接过回条，放进公文包，出门跳上车，然后一敲手杖，示意司机开车回家。

其实少山哪里是有病，实际是这几天手头紧，心里在想主意。

可说也是，除去家里的人金老板光随员、跟包的就有七八个，他又好赌、好嫖、好玩，挣多少银子也不够挥霍的。

手头紧怎么办，要不去当铺押点物件？一边闻着鼻烟一边想主意。看了看茶几上摆的鼻烟碟，左边这个是象牙的，右边那个紫檀的，还有这个花梨木的，用手抓起了他最中意的"蛇踪馆"，这真是个好物件呀！

这个叫蛇踪馆的烟碟是一个朋友送的，当时是两块树根。这是一种非常贵重的树种，因为它生长在阴凉的山后，终日不见阳光，被山中的蛇、蟒常年缠绕着，人根本无法接近，得来实属不易。少山得到此物，请人制成一对烟碟，一个保存，一个自己专用，从不让人染指。这个烟碟确实非同寻常，把鼻烟倒在上面，不到五分钟，蘸点鼻烟往鼻孔一抹，发出一股薄荷味，好似"避瘟散"，又凉又香，提神醒目。这几个烟碟个个价钱不菲，但一个都不能拿去当。

再掏出镶嵌着二十四颗钻石的金壳怀表看了看，这也是朋友送的，也不能去当。看一看手上戴的大金戒指，也不行，不能丢了门面。要不就当汽车？出门没有交通工具也不行。想来想去，灵光一现：何不让东家替我担点沉重。我去当行头。

挥金如土当行头
仗义疏财救乞丐

少山想到这里心中暗笑，明天又贴我的《连环套》，观众爱看我出，东家靠这出戏卖的票多吃我们，我就先把窦尔墩穿的蟒、箭衣给当了。让东家出钱赎当，他给赎，我就唱，他不给赎，我就不唱，反正已经预售了不少票了。对，就这么办！

少山叫跟包的把这几件行头拿到了名声显赫的圆利当铺。

老上海的人大都晓得圆利当铺，这个当铺于 1922 年也就是少山初到上海滩的那一年，由典当业巨头陆冠曾出资兴建，是一座三层砖木结构城堡式建筑，南北两进，东西五间门面。正门门框用花岗岩石箍就，门楣上方有巴洛克风格的石雕花饰，两边有罗马柱。进入大门，迎面是一块 10 平米的石屏风，上书一个硕大的"当"字，后面是 30 多平米的天井。天井地面用混凝土铺作，踏菱形花岗岩步入，过一排 3 米多高的木格玻璃门窗，是当铺高大的营业厅，厅高4.2米，5尺柜台立铁栅栏。

第二天下午，这事让后台管事的知道了，他赶紧找剧场经理商量怎么办。

经理听此情况后说："金老板这是唱的哪一出？没行头怎么开戏！"事关重大，他拿起电话就将此事向黄金荣报告。

黄金荣一听，"他娘的！金少山这是要干什么？我汉口来的朋友今天就要看他这个'铁罗汉'，不能丢我的面子。"他派徒弟拿钱去赎当。

黄金荣派人赎回了窦尔墩的行头。

金少山心中有数："三爷就是要叫你们知道，我们唱戏的也有脾气，不能光让你们拿我卖肉，三爷我也要耍耍你们。这个回合我赢了！"

此后，这一招，成了金少山对付东家的杀手锏。

一来二往，金老板跟包的一进圆利的门，伙计准知道又是来当行头，或问一声："今天当哪出戏的"？回答："当《打龙袍》包拯的平金绣蟒。"当时，这件平金绣蟒价值万金。

金老板的这一招，真让东家头痛，可又拿他没办法，还要靠他的号召力卖座。贬他的人说他这是放刁，爱他的人说是解气！少山任由他人评说，照样我行我素。

一天晚上散戏后，金少山吃完夜宵已是凌晨两点多了，他在街上闲遛，忽然听到了乞讨之声："老爷、太太，可怜可怜我吧，一天没吃东西啦！"金少山寻声望

大龙蟒

去,只见在昏暗的路灯之下,缩着一个老头,见此情,他突然想起了《红鸾禧》戏中的金松,怜悯之情油然而生。他紧走几步来到乞丐面前,"起来,跟我走,我带你吃饭去。"少山领着这个老头又回到了刚才吃夜宵的地方。

"哎呀,金老板怎么又回来了,不是有什么事体呀?"伙计迎上前问话。

"给这位上菜上饭,要好的,记在我的账上。"少山交代。

金少山眼看着上的饭菜被此人风卷残云一样吃光,便笑着说:"咱们聊聊好吗?"

老头说,他是江北人,只有老两口,无儿无女。因为给老伴治病借了高利贷,结果是病也没治好,债也还不上,老伴连愁带急一命呜呼。他只好离家出走,想到大上海讨生活。没想到,在上海要饭都不容易呀!少山问这是为什么。老头说,都是一帮一伙的,一个人不行啊。

金少山这才知道,在上海滩做乞丐也要入帮。可又一想,《红鸾禧》中不是也有杆子头吗?那二杆子、三杆子不就是杆子头的手下吗?眼前的事是戏还是真?人哪,活着不易呀。

其实,乞丐这行,在中国历来有之。光北京就有两大丐帮,即"黄杆子"和"蓝杆子",这"杆子"就是丐帮权力的象征和标志。"杆子"一方面指乞丐讨饭用的打狗棒,因而加以神化,作为权力的象征。另一方面,"杆子"还有"好汉聚义"之义。绿林结成团伙举事叫"拉杆子",陈胜、吴广不就是"举杆而起"吗?丐帮以"杆子"作为权柄的宗旨也含此意。因此"杆子"是丐帮头儿的尚方宝剑,新任丐头先要拜祖师和杆子,表示接受了权威,以后帮主即用"杆子"惩治违反帮规的乞丐。

京师的"黄杆子"丐帮,是由清宗室八旗中的乞丐组成,为京城高级丐帮。他们的生财乞赏之道主要是靠元宵、端午、中秋、除

挥金如土当行头
仗义疏财救乞丐

夕日这几个大节,到店铺商号讨赏。方式和方法都有严格的规矩,老的商号店铺都熟悉他们的规矩,都是照章办事。作法是,他们两三人一伙,一人唱子弟书,一个敲鼓板。唱曲的手背向上,敲鼓板的平拿家什,示意店主给钱。每到一处,店主早已让伙计出来,把至少五枚钱高举过头,然后恭恭敬敬放在鼓板上。如果不懂规矩,就会惹来祸事或麻烦。他们闹事的方式也算"文明",第一次不给,他们二话不说,转身就走。第二天,又增人添兵,再来。还不给,第三天,就引来大队人马,从开市到闭店,围聚在店门前不走,也不讨钱,也不打闹,就是让你不能正常营业开不了张。店主这才知道厉害,只好求人说和,给钱了事。"黄杆子"的丐头儿一般由八旗宗室中位尊势大的王公贝勒充任,帮主就叫"黄杆子"。

"蓝杆子"丐帮是普通的丐帮组织,丐头儿就叫"蓝杆子",一般由帮会骨干及地痞流氓担当。丐头有绝对权威,新入伙的乞丐,必须把三天之内所乞讨的钱物全送给丐头儿,名为"献果"。平日里,每个乞丐也要献出所得的两成左右作为丐头儿的常规收入。

时,上海滩聚集着全国各地涌来的乞丐两万多,按籍贯分成五大派系,即凤阳帮、淮阳帮、山东帮、江北帮、本地帮等五大帮。各帮自成体系,各有丐头儿。全上海则有总丐头儿陆、周、钟、王、二沈、二赵八位。以陆某居首,赵某位次,合称八兄弟。他们把上海地区按东西南北划为四大区域。整个上海丐帮组织严紧,八个丐头儿下有四十八个大头目,再下还有小头目,共二百四十人左右。每年二、八两个月的初一、十五,丐头就派人到各家店铺收费,其他如富贵人家婚丧嫁娶的赏钱也是丐帮的主要经济来源之一。每个乞丐每日所得如数上缴头目,再由丐头分发给每个人,其中还抽出几成由丐头存起来,以备病老时急用。由此,上海的乞丐不愿进工厂,一是可以不劳而获,二是觉得丐头比资本家的剥削轻。但是当乞丐必须拜师入帮,还要给丐头儿送礼。

金少山救济的这位江北老者不懂这一套,所以行乞也难。

在上海还有一派本土的"老弟兄"丐帮。"老弟兄"帮由无数个小集团组成,每个小集团都有一个爷叔为首领,下面管辖十几个乞丐,占有一个大本营,所收养的大多是无家可归的流浪儿,人称"小鬼"。丐主供其食宿,一切都绝对听从爷叔吩咐。

金少山原本是善良之人,想想自己当年离京闯荡之时,北走张家口撂过跤,东去天津卖过大力丸,日子过得比乞丐也强不了多少,"唉!穷人难啊!"想到这里,少山说:"老人家,你不要到处流浪了,我给你点钱,去做个小买卖吧。"说吧,叫跟包的拿出一沓纸币,交给了这个老者。老人家千恩万谢:"您可真是活菩萨,我这辈子都要给您烧高香,下辈子给您做牛做马。"少山说:"不要谢了,往后再有难处,到剧场找我。"

这件事后,金少山想了很多:人这一生,富贵难测,有人做官,有人发财,有人乞讨;我们唱戏的,有人成角儿,有人做底包,有人一辈子跑龙套。乞丐中也分上、中、下三等。咱们台上演的《断太后》中的李娘娘不是也在要饭吗?真是大千世界,三教九流无所不有啊!

金少山又是个性情中的人,愿与五行八作的人交朋友。他想,乞丐中也一定有像窦尔墩一样的绿林好汉,我何不也结交几位呢?

此后,他叫人打听,终于寻找到一位可结交的丐头儿。

此人姓彭名铁强,原在汉口行乞,属彭钧启派系的人。这彭钧启门下立三个门户,一为"金银铜铁锡"五个字派,二为"正大光明、红丝有余"八个字派,三为"可德元康、春夏秋冬"八个字派。尤以"铁"字派居上。

汉口丐帮有一套严格的规矩,制定了十大帮规。帮规用的都是暗语:

挥金如土当行头
仗义疏财救乞丐

一、越边抽舵，指不得偷住户周围人家的东西或偷吃同行的东西。

二、顶色卧莲，指不得嫖同行之妻。

三、点水发线，指不得充当内奸进行告发。

四、引马上槽，指不得暴露所做之事。

五、溜边拐将，指不得借同行的东西不还或拐走别人的徒弟。

六、挑灯拨火，指不得在同行中挑拨是非。

七、欺孤傲相，指不得欺压同行中老弱孤残的人。

八、遁逃扯谎，指不得欺骗自己人而逃跑。

九、偷言耳哄，指不得偷听别人的私话外传。

十、迷糊吃大，指不得把讨得的钱财私藏不公开交出。

若违犯规矩，轻则罚跪责打，重则割舌头、剁手足、挖眼睛，甚至装在麻袋投江、活埋。

这彭铁强早就做了师傅收有徒弟，混得吃喝不愁。但他有个师弟因犯帮规第十条，又死不上缴财物，眼看就要受剁手之罚。彭铁强替他求情不准，无奈之下二人一同跑出汉口，辗转来到上海滩，拜师入帮，从小徒弟一步步熬成了四十八个头目中的一个。但他从不任意处罚下属，故而在帮中极有人脉。

金少山听到彭铁强的情况后，认为此人义气，有绿林人的豪情，值得结交，于是派人请来，设宴款待。在饭桌上金老板留下话："今后你的朋友生活上有难处，来找我金少山。"

一个叫花子，能被"铁罗汉""金霸王"邀为座上客，这是何等的荣耀，心中充满了无限感激。自己无以为报，只能吩咐徒弟们四处传播金老板的美德。

## 同仁患病急救场　杜家祠堂大聚会

上海剧院的老板们为了营业好会想出诸多法子，他们瞄准了上海观众爱看武戏的特点，组织过几次武生大会。当时武生名家众多，自李春来以下，有何月山、盖叫天、高福安、李兰亭等。所谓武生大会实在是在打擂台，在武生大会中最爱贴四四《四杰村》，八八《铁公鸡》，即在《四杰村》一戏中上四个余千，在《铁公鸡》一戏中上八个向帅、八个张嘉祥，各使绝活，看看

孙悟空《盗丹》

谁最受观众欢迎。凡是参加的都是负有盛名的角儿，《四杰村》的"走边""越墙"每个人走的"活"不能相同。《铁公鸡》每对在场上表演的重点，都是张嘉祥从"上场门"出场，到台中间，向"下场门"方向，翻城，表示进入马圈。从后台拿出马鞭扔在台上，做刷马、上鞍辔、上嚼环的虚拟动作。诸事完毕，请出向帅。两个人有一段精彩的"马趟子"，然后一块儿下场。有时也有四个或五个武生演员各贴自己的拿手戏，如《挑华车》、《艳阳楼》、《一箭

仇》、《狮子楼》、《金雁桥》、《赵家楼》、《莲花湖》、《溪皇庄》、《金钱豹》、《水帘洞》、《安天会》、《恶虎村》等等。

　　一次，又办武生大会，大轴是盖叫天的《四杰村》，压轴是刘五立的《别母乱箭》。那天晚上，少山没有演出，想看看盖五爷的《恶虎村》，便来到后台。此时，化装间里一阵慌乱，只见扮武天虬的演员刘廷玉手捂肚子，疼得大汗淋漓，管事的赶紧派人送往医院（后诊为盲肠炎），可是谁能接这个活呢？众人急得就像热锅上的蚂蚁。

李万春之《挑华车》

　　这时金少山对管事的说："你们别着急，不就是二大个（武天虬）吗，我来！"

　　众人一听愣了片刻，管事的说："您今天是到后台看我们，不是来演戏的，再说您是角儿，怎么能来……"

　　"盖五爷哪？"

　　"哎，贤弟，我在这儿哪。"盖叫天应声走了过来。

　　"五爷，廷玉得了急病，他的活我来！"

　　"什么？"盖叫天万没想到少山会替这个活儿。

　　"'救场如救火'，什么也别说，我去扮戏啦。"

　　盖叫天一拍大腿，说："好样儿的！快给金老板出牌子。"

　　管事的赶紧写好水牌，戳在"上场门"台口，观众一看上写

《恶虎村》之黄天霸

同仁堂大聚会
杜家祠堂惠病急救场

"因刘廷玉先生临时患病,特请金少山老板出演武天虬"的水牌子,立时响起了掌声。

在后台的金少山脱下衣服,穿上水衣子,拿起镜子,连揉带勾,很快勾好脸,蹬上彩裤、厚底,穿上箭衣,把武天虬扮好了。

好在《恶虎村》的武打,南北一个路子,用不着对戏。到了台上,金少山神完气足,比平时演主演还卖力。打"三股挡"时,武天虬面对王栋、王梁,只见他手持大枪扎王栋,接着上打、下扎漫头串肚过去,王栋翻过来,他耍大枪花奔"下场门",转过来枪扎王栋,王梁趁势削他的手,他转身、掏扎、走"反蹦子",同时打三起三落的"哇呀呀"。观众"好"声经久不断。

盖叫天感慨地说:"好角儿就是好角儿呀。"

俗话说"只有小演员,没有小角色",不论活大活小,只要你演得好,就对得起衣食父母,观众就认你、捧你。金少山只替人演了个三路活,就受到了前后台一致的赞扬,这就是吃唱戏饭的人应有的良心!

金老板的名声越来越响,许多重要活动都离不开他,什么赈灾、募捐少了金少山就不够规格。

在诸多活动中到杜家祠堂唱堂会是不能不提的。

这个杜家就是杜月笙之家。

那么这个杜月笙又是何人呢?前面已经提过,杜月笙是三鑫公司中的一个重要成员。

杜月笙是上海青帮的头子,势力比黄金荣有过之无不及。这杜月笙原本是个孤儿,他当过乞丐,也学过徒,但终究不安分,专喜赌钱,时常蹲在马路边掷骰子。稍大,又串烟花间认干娘,为野雉拉客,替狎客跑腿,后又结识上了青帮的人,最后入了帮。

青帮是仅次于洪门的一个帮派组织,相沿有三百余年。其祖师为罗祖,罗祖收徒三人:翁、潘、钱。清乾隆年间,此三人为清廷运粮,奉准钦命,准各招徒一千三百二十六名,带粮船一千九百九十只半。因名义上系襄助清廷,故正名称清帮。运粮之后,翁、潘、钱照军功例,得受武职。于是公开奉罗祖为祖师,立下三堂六部二十四辈,制定十大帮规。三堂是:翁佑堂、潘安堂、钱保堂。

六部为:引见部、传道部、掌印部、用印部、司礼部、监察部。

二十四辈按:"清静道德、文成佛法、仁伦智慧、本来自信、元明兴礼、大通悟学"排列,一字一辈。

十大帮规为:一、不准欺师灭祖;二、不准扰乱帮规;三、不准藐视前人;四、不准江湖乱道;五、不准扒灰放笼;六、不准引水带跳;七、不准奸盗邪淫;八、不准以卑为尊;九、不准开闸放水;十、不准欺软凌弱。

杜月笙拜的老头子叫陈世昌,是"通"字辈,杜月笙即是

"悟"字辈，虽然辈分低，但他善钻营，不久就攀上了黄金荣，并很快成为黄公馆的红人。他颇懂狐假虎威之术，借黄金荣的势力，在黑社会中崭露头角后，便也仿效前辈，开香堂收起徒弟来了。不久，黄金荣便将当时法租界的三大赌场之一——公兴俱乐部交他经营。后来他又结识了青帮"大"字辈的张啸林。再后，因黄金荣"跌霸"而心灰意冷，于是杜月笙才独当一面。

杜月笙经过"奋斗"终于能和黄金荣、张啸林平起平坐后，他又收服了英租界的流氓，做起了烟土生意，势力一天比一天大。现如今他发迹了，由一个小瘪三一跃成了上海滩闻名遐迩的人物。他不仅要衣锦还乡，更要耀祖光宗。1930年，杜月笙在祖宅附近，买下了50亩地，到处聘请著名匠人，大兴土木，兴建起杜家祠堂。

1931年初，杜氏祠堂竣工。6月8至10日，举行家祠落成典礼及栗主奉安之礼。

典礼自然要唱堂会，杜月笙"请"来了北京、上海除余叔岩之外的所有名伶。为招待这些名伶杜月笙包下了上海宁波饭店的全部房间，作为角儿们的下榻处，并在法租界海格路照了一张集体相以作纪念。可是这些角儿都不住在这里，他们觉得交通不便，来往费时，干脆，就在后台打地铺，形成名伶大聚会了。

祠堂前用芦席搭的棚，既是餐厅又是剧场，摆下了二百桌流水席，由杭州饭庄全体操办。

堂会戏唱三天，剧务主任为张啸林。戏码是：

第一天：全班合演《天官赐福》，接下来是徐碧云、言菊朋、芙蓉草《金榜题名》，荀慧生、姜妙香、马富禄《鸿鸾禧》，雪艳琴《百花亭》，尚小云、张藻宸（票友）《桑园会》，华慧麟、萧长华、马富禄《打花鼓》，李吉瑞《落马湖》，程砚秋、王少楼《汾河湾》，全是杜月笙爱看的戏。大轴是梅兰芳、杨小楼、马连良、高庆奎、谭小培、龚云甫、金少山、萧长华《龙凤呈祥》。阵容之硬，一时无双。

第二天：上海商界票友王晓籁、袁履登《八百八年》，刘宗杨《安天会》，杨小楼、雪艳琴、高庆奎《长坂坡》，程砚秋、贯大元《贺后骂殿》，王少楼、金少山、张春彦《捉放曹》，徐碧云《彩楼配》，尚小云《三击掌》，麒麟童、王芸芳《投军别窑》，郭仲衡、芙蓉草《赶三关》，梅兰芳、谭富英、言菊朋《武家坡》，谭小培、雪艳琴《算军粮》，谭小培、荀慧生、姜妙香《银空山》，梅兰芳、荀慧生、龚云甫、马连良《大登殿》。

观戏者比较而言，都说这一场戏码最硬。单说这出《长坂坡》，这是杨宗师红遍大江南北的代表作，有"活赵云"之誉，高庆奎饰

杨小楼、钱金福《长坂坡》

刘备，雪艳琴饰糜夫人，刘砚亭饰张飞，红花绿叶，相得益彰。

第三天：小杨月楼《岳家庄》，言菊朋《琼林宴》，荀慧生、麒麟童、刘奎官《战宛城》，马连良、金少山《取荥阳》，高庆奎《取帅印》，徐碧云《花木兰》，尚小云、龚云甫、贯大元《马蹄金》，梅兰芳、谭小培、金少山《二进宫》，李万春、蓝月春《夜奔》，雪艳琴、姜妙香《弓砚缘》，李吉瑞《卧虎沟》，程砚秋、谭富英、王少楼《忠义节》，杨小楼、马连良、刘砚亭《八大锤》，梅兰芳、荀慧生、雪艳琴、程砚秋、尚小云、高庆奎、金少山《五花洞》（潘金莲一个真、四个假）。

三场戏，金少山露演五次，特别是第二场与王少楼的《捉放曹》和第三场与梅兰芳、谭小培的《二进宫》可为神品，令观者难以忘怀。

## 豪杰一怒离上海　华乐打炮响九城

梨园豪杰"金霸王"

游子思乡,落叶归根。

离别北京二十余年的金少山有了思乡的念头,看看现在红得发紫,想想当年离京时的窘境,我该衣锦还乡啦!但还是有点舍不得这大上海,在这里包银要比北京高出许多。不是说北京唱戏,天津出名,上海挣钱吗,一点不错。但北京是生我养我的地方,是京戏的发祥地,还有许多发小……金少山陷入沉思。

当一个人难做决定时,往往外界的力量会激发他的决心。促使他决心离沪北上的是张啸林。

张啸林早年在杭州靠拳头打天下,成为一只虎,后来踏入上海滩结交黄金荣、杜月笙,成为"上海滩的三大亨"。张啸林心狠手辣,叱咤风云,闯得猛,玩得火,斗得凶,被人称作"三色大亨"。黄色——开妓馆,黑色——贩毒,白色——杀人与设赌,无所不能。张啸林认为:世上只有两样宝,那就是金钱与美色。钱可通天,有钱能使鬼推磨,他认同"天大的官司,磨大的银子"这个理念;美人的力量更不可小视,美人可以抵一座城池,甚至可以顶天下。为此他不惜一切力量来达到目的,他四面结交、八面玲珑,畅行黑白两道,总之有奶便是娘。

日寇入侵中国后,杜月笙为抗战捐钱捐物,黄金荣按兵不动,算是还有点人性。而张啸林为争得伪浙江省主席的位子,甘当汉奸,结交了不少日本人。某日,他为勾结一个日本上层人物,在家设宴,并邀请当时在沪的名演员轮流清唱助兴。作为艺人,哪个不惧怕他的淫威？点谁的名谁就得唱，但偏偏这位金少山不信邪，他看不惯有些人在鬼子面前的奴才相。当张啸林说："金老板，该侬唱了。"

"哎呀，张老板，实在对不起，今天我的嗓子不痛快，唱不好岂不给张老板丢面子，改日嗓子好了我再补唱吧。"说完，金少山扬长而去。

此举，怎不气坏张啸林？待日本人离去后，他气急败坏拍案大骂："金少山操他娘的不要脸皮，今天你不唱，那你就别想在上海再唱戏了！"

张啸林说得出做得到，他强令戏院摘下了金少山的广告牌子，砸毁了镶有金少山大名的霓虹灯。要知道，停止演出就是砸了饭碗呀！金少山火冒三丈，他愤愤地说："三爷宁去拉黄包车，也不给你们取乐玩。"

就这样一连几个月没有上台。后来，在法租界工部局中谋事的一位阎姓朋友对少山说："张啸林心狠手黑，长此下去难保你的安全，最好是离开上海暂回北京，过几年再回来吧。"

金少山接受劝告，与二哥商量，准备回北京搭高庆奎的班，由二哥先回京联系。

二哥金仲林回到北京先找高庆奎和李永利（李万春之父，也是少山的结义兄弟）商洽，此时，高庆奎嗓败已不能挑班了。李永利请华乐院的经理万子和出面，以华乐院的名义接金少山进京演出。李永利还给少山在宣外潘家河沿37号准备了一所住宅。

少山要回北京的消息不胫而走，梨园同好纷纷前来送别，麒麟童来了，林树森来了，赵老开、高雪樵、盖叫天也来了。各剧院的财东、经理都设宴饯行。少山忙于应酬，招待各方宾客。

动身之日，黄金荣、顾竹轩亲自到码头送行。许多演员和观众也赶到码头，少山与他们话别后登上了驶往青岛的轮船。轮船出吴

豪杰一怒离上海
华乐打炮响九城

淞口驶进东海，劈波斩浪向北而发，金少山站在甲板上，面对滚滚波涛，大有曹孟德统雄兵过长江之气度，只不过一个是由北而南下，一个是由南而北上。他想起了《群英会》中曹操的几句唱词，"统雄兵下江南交锋对垒，得荆襄和九郡大展军威。造下了铜雀台缺少二美，一心想灭孙吴我志方遂"。其实金少山很少唱曹操的戏，因为他不太喜欢这个人物。今天是触景生情，他思绪万千：北平，我的故乡，我终于像模像样地回来了，我没有愧对家父，没有愧对师爷、师傅们。

高庆奎《哭秦廷》

谁说花脸只能给别人挎刀？我就要自己挑班，给我们唱花脸的争口气！他畅想着回到故都后的远景，如何打炮，如何组班，眼前是一片光明。

　　金少山于1937年1月（丙子年腊尾）偕夫人从上海转道青岛回到了北京。

　　火车停在前门火车站，不少梨园同好、发小前来迎接。场面热烈，少山望着这些既熟悉又"陌生"的面孔兴奋不已，不由得想起了一句唱词"叹光阴一去不回还"。儿时的伙伴，现如今都到了知天命之年的人了！

　　金少山离家二十多年，这时的北京已有十家大戏院，戏院有内城外城之分，又有东区西区之别。外城是指前门外，东区有两家，一是广和楼，一是华乐戏院。西区有五家，广德楼、三庆戏院、庆乐戏院在大栅栏,粮食店有一家中和戏院,西柳树井大街有第一舞台。另外,在西珠市口还有一家开明戏院。内城的两家,一家是在东安市场北门的吉祥戏院,另一家是在西单牌楼刑部街的哈尔飞戏院。

北京的戏院在组织结构上与外埠的不同,外埠的都是戏院当老板,或组班或约角。而北京是前后台分账制,前台是指戏院,后台便是戏班。分账的方法是税、广告费公提,再按二八、三七、四六分账。即前台分二、三、四成,后台分八、七、六成。

京城的戏班众多,时有杨小楼的永胜社,马连良的扶风社,程砚秋的秋声社,谭富英的扶春社,尚小云的协庆社,荀慧生的留香社,孟小冬的福庆社,李万春的永春社等等;还有少壮兵团:富连成的世字、元字科和中华戏曲专科学校德、和、金、玉的学生们。一个班不能久占一个戏院,只能分档期,即一个戏院某班占两天,行话叫"转儿",把演出的戏院叫"坑儿"。

少山了解情况后,便由万子和帮他谋划打炮戏。

万子和是华乐的经理,此人颇具传奇色彩。他生在一个贫苦人家,父早亡,跟随母亲流浪到北京的天桥以给人缝补旧衣服为生。后经人介绍学徒,由小伙计熬到出徒,曾骑单车背着箱包跑点放电影,最后当上华乐园的经理。因为他出身贫苦,对艺人有同情心,故许多梨园中人视他为知己。

金少山挂头牌,这是前无古人的事,在此之前,京剧挑班者多为生、旦行。花脸行中穆凤山、何桂山、金秀山、黄润甫诸前辈虽身怀绝技,但一直处在挎刀的地位;郝寿臣是同辈人中之翘楚,几经努力也只争了个二牌。金少山以花脸挂头牌挑班,是一个伟大的创举,奠定了花脸行在京剧中的地位。

万子和策划,决定第一天上《连环套》,由高庆奎的胞弟高联奎操琴。有人提出请杨小楼出演黄天霸以壮声威,办事人去到杨府

豪杰一怒离上海
华乐打炮响九城

说明来意,杨老板回答:"少山回来,一定要红。我演天霸观众听谁?我让他,他让我都不合适。让瑞安来吧,到时我去捧场。"

杨老板提出的瑞安即周瑞安。

周瑞安比金少山大两岁,自幼随父周如奎(梆子老生)练基本功,后入义顺和班学武生。瑞安身材魁梧、扮相英俊、气宇轩昂、功底瓷实、嗓音洪亮,是杨小楼的不二人选。他能戏极多,像《挑华车》、《铁笼山》、《状元印》、《连环套》、《恶虎村》、《安天会》、《骆马湖》、《金钱豹》、《八大锤》、《白水滩》、《神亭岭》、《英雄义》、《长坂坡》、《潞安州》、《冀州城》等长靠、短打戏无一不精。他的腿功坚实,像单腿"朝天镫"过头顶类高难技巧,不费吹灰之力,故有"周一腿"之誉。

周瑞安接到了万子和的邀请,痛快地回答:"没得说,我一定和少山唱好这出,别的活也无所谓,您尽管派吧!"真是快人快语。

金少山、周瑞安、王福山《连环套》

1937年2月14日（旧历正月初五），在前门外鲜鱼口华乐戏院贴出金少山、周瑞安、王福山的头二本《连环套》。开场是许德义的《金沙滩》，下一出是李多奎的《钓金龟》，压轴是贯大元、李慧琴、慈瑞全的《打渔杀家》。消息传出，轰动九城，北京的老观众都有怀旧之情，争相来观看这位金三爷到底有多大出息。

《连环套》中的其他活是这么派的：鲍吉祥演彭朋，慈永胜演巴永泰，霍仲三演梁九公，张春彦演施世纶，许德义演关泰，范宝亭演何路通，迟月亭演计全，刘春利演贺天龙，陶玉树演贺天虎，杨春龙演贺天彪，余宏奎演贺天豹，慈瑞全演大报子，郭春山演酒保。

杨小楼早早地进了园子，侯喜瑞和少山同是韩乐卿的学生，在后台忙前忙后。唱花脸的郝寿臣、刘连荣、董俊峰、宋富亭、陈富瑞、孙盛文、王泉奎、娄振奎、郭元汾、金少臣都来捧场。在京的梨园名人余叔岩、谭富英、杨宝森、奚啸伯、尚和玉、茹富兰、孙毓堃、尚小云、程砚秋不下几十人也都来捧场。

尽管是金老板回京后的第一场，但他"赶场"的习惯依旧不改，直到《打渔杀家》快演完了，少山还没进后台。大家这个急就甭提了。管事的告诉台上"马后"点。

正在众人急得不可开交之时，金三爷不慌不忙地走进了后台，只见他头戴水獭高筒帽，身穿皮长袍，上面罩一件翠绿色琵琶坎肩，进到后台向大家一拱手，"各位辛苦了。"

"老板，您可来了。"

"放心，误不了。"金三爷把"小黑炭"交给跟包的，脱下外衣，穿上"水衣子"，洗脸洗手开始勾脸。

三爷勾脸那叫一个快，刚勾完脸，跟包的就给他穿戴完毕，他一边挂髯口一边向"上场门"处走，正赶上场面起曲牌〔大发点〕，喽啰一对对"站门"上，就在音乐切住，要起〔四击头〕之即,检场的一看,坏了!三爷这"个头儿"出不去呀!他本人身高一米八二,穿上三寸的厚底儿,再加上盔头翎子,"上场门"台帘正齐着他的脑门儿,赶紧找人搭把手,两边同时向上撩起台帘,窦尔墩恰好就在〔四击头〕后的铙钹中出场亮相。杨小楼带头给了个"碰头好"。人高马大的窦尔墩,往台上一站,亚赛半截黑塔,唱〔点绛唇〕"独霸山冈"的"冈"字时,少山运足丹田气使用了一个高八度,当场千余名观众与台上乐队人员,都为他那石破天惊的声音所惊呆,好像愣了两秒钟,不约而同地爆发出了雷鸣般的掌声,但这千余人的掌声仍未盖住这个"冈"字的余音。观众们交头接耳:这个金大个,嗓子怎么这么冲啊?下面的戏就不用说了,怎么唱怎么有,真是应了戏班中那句话"一响遮百丑"呀!

北京毕竟是首善之地,懂戏的人多,觉得少山这个脸谱勾得有点别扭,京派的窦尔墩应勾蓝瓢子的花三块瓦,而金少山受海派的影响勾的是虾米灰的瓢子。老观众看不惯,认为是外江派。有热血青年丁秉鐩等竟然直接找到万子和,让他转告金老板:北京不认这个,赶快补救。万子和正有此意,遂向少山说明观众的意见。金少山十分乖巧地接受意见,就在台上黄天霸等人"五把椅"的时间里,把虾米灰该成了蓝色。等"拜山"再上场,观众才认头,"嗯,这才像窦尔墩!"

第二天是少山与李多奎的《遇皇后·打龙袍》,二人挟上海演出之余威,驾轻就熟,又唱了个天翻地覆。但有一点使台下的观众又感到不习惯,就是少山演的包拯每上一次场就要换一次蟒,而且有几件在江牙海水部分还挂着翠色玻璃的饰物,老北京仍然认为是"外江",散戏后又有人找万子和提建议,而万经理也据实相告金三爷。两场演完,轰动九城。丁秉鐩便在在天津《大公报》副刊上撰文《金少山演出盛况》,有两行副题极为醒目:遇皇后打龙袍黄钟大吕,盗御马连环套痛快淋漓。天津卫反响强烈,戏迷们翘首相盼

"金霸王"。

这一转演完,万子和乐得合不拢嘴,戏票卖得好,前台分账多,万老板怎能不高兴呢?继之又安排下一转的戏码。

第二转贴的戏码是2月22日头二本《草桥关》,23日《清风寨》和《刺王僚》。

《草桥关》的老本计二十四场,内容情节简记如下:

第一场

上邓禹、吴汉、贾复、耿弇、岑彭、马武、杜茂、郭荣,八太监各执符节,四宫娥各执日月宫扇,另二太监各执云帚。光武帝念〔引子〕"定场诗"通名,并与八朝官对白,八朝官"作谢恩介"下,光武帝及太监、宫娥等亦下。

第二场

众太监宫娥站八字光武帝坐正场"大座",两旁各设桌一张、椅四把,邓禹、吴汉、贾复、耿弇坐"大边",郭荣、马武、岑彭、杜茂坐"小边",由两大太监执壶敬酒。光武帝唱〔原板〕,八朝臣每人唱答词二句。酒过三巡,光武不悦,马武问其故,光武思念铫期。马武自请愿去草桥关代任,请铫期回朝伴君。光武大悦,降旨岑彭、马武、杜茂为正副帅,即日起程赴草桥关替回铫期。马、杜、岑先下,光武帝唱四句下,邓、吴、贾、耿随下,只留郭荣一人打"背供"后下。

第三场

八龙套执标旗,二旗牌执马鞭,马武、岑彭、杜茂随上,每人身后各有一纛旗手,分执有"马""杜""岑"三姓纛旗过场下。

第四场

铫期部下四将单"起霸",四龙套执"月华旗",四大铠执"开门刀",二旗牌、一中军抱令旗上,铫期上。报子上,报"马、杜、岑押旨到"。铫期令摆队相迎。铫期接马鞭作"上马"下。

豪杰一怒离上海
华乐打炮响九城

第五场

铫部下出城，铫期出城上坐台左端椅待之。马、杜、岑执旨上，铫期接旨拜礼，众随下。

第六场

原人复上，岑彭开读旨意，铫交印，岑等接受，马、杜言明明日长亭饯行。铫下，马杜岑亦同下。

第七场

上院子、丫环、铫能、铫刚、铫夫人傅氏唱〔散板〕落座，二子分左右站。二旗牌引铫期上，唱"马杜岑奉王命把草桥来镇，调老夫回朝转侍奉当今"。归座叙话后，复同下。

第八场

马、杜、岑及兵士在长亭等待，铫期偕夫人二子上，夫人乘车先过场。马等与铫家父子话别。众分下。

第九场

铫期及夫人、二子、旗牌、院子、丫环等同上行路，铫期马上有大段〔散板〕，同下。

第十场

上四下手、八小校，均勾杂脸打蓬头，快衣快靴。〔急急风〕上牛邈坐高台念白通名毕，上报子言铫期还朝，牛听后大喜，乃盼咐部下夺取草桥关，下高台上马，与众下。

第十一场

四龙套八偏将各执长枪引马、杜、岑（扎靠斜蟒）上，岑正椅，马左杜右。报子上报"牛邈讨战"。三人脱蟒接兵刃（岑使枪、马使鞭、杜使刀）同下。

第十二场

双方原人同上，岑、杜、马与牛邈会阵，双方兵将"钻胡同"下，杜茂与牛邈打"快枪"，收式，分下。

第十三场

双方兵、将交战,岑彭与牛邈打"勾刀",收式,分下。

第十四场

双方兵打"手把子",马武与牛邈打"对鞭",收式,分下。

第十五场

马、杜、岑率部下上,岑彭曰:"牛邈骁勇,难以取胜,如何是好?"马云:"三马连环与牛邈接战,本人杀出重围,回朝搬兵求救。"牛邈率兵将上,双方部将分下,岑、杜、马与牛邈一人对战,岑架住牛邈,马武乘势而下。岑、杜败下,牛邈三笑,耍枪"下场",亮相,下。

第十六场

光武帝、郭娘娘、太监、宫娥上,帝唱〔散板〕宣铫期上殿赐酒,同下。

第十七场

铫刚〔导板〕上,双手系锁并加以巨石,丑院子上,将后花园门打开,随铫刚出门,"圆场",郭荣上,冲突,铫刚乃用巨石将郭荣击死,遂下,丑院子下。

第十八场

二旗牌引铫期上,一家院报铫刚私自出门打死郭太师事。铫期做惊恐状,"圆场"回府。夫人迎出,唤二子出,怒责铫刚,遂全家自缚待罪下。

第十九场

四太监引光武帝上,归座。郭娘娘上奏伊父惨死,请旨严惩铫家父子。光武帝准奏传旨将铫家满门绑赴西门外问斩。二大太监接旨带四小太监下,光武帝、郭娘娘下。

第二十场

丑角扮监斩官上,四衙役执板子,四兵士执长枪,八刽子手押铫氏夫妇父子同上。铫期与夫人二子均有对口唱,同坐于"下场门"处,静待时辰就刑。〔大锣圆场〕马武冲上,嘱告监斩官缓刑等待本人上殿保本,急下,监斩官及铫期全家下。

第二十一场

马武上殿保奏赦免铫期,并请旨仍派铫期坐镇草桥,战退牛邈将功折罪。郭娘娘从中阻梗,光武帝犹豫不决,致马武恼怒掣出钢鞭,欲打郭娘娘。光武帝不得已将赦罪玉玺朱文印在马武手掌,命往法场

《草桥关》之马武

特赦铫期全家。监斩官等回朝复旨下,马、铫等亦同下。

第二十二场

铫家父子、马武等八上手、八将校作出朝赴草桥关状,"过场"急下。

第二十三场

四龙套引岑、杜同上作盼兵不到焦急状,报子上,报马武已将铫家父子搬到。岑、杜大喜,乃命报子报知铫期等合作共退牛邈:

岑、杜由城内杀出,铫家父子及马武在城外接应。同下。

第二十四场

开打:铫期、铫刚与牛邈对打,牛邈使大铲头枪打铫刚,铫刚用回马鞭击中牛邈左臂,牛邈败下。岑彭、杜茂迎接铫氏父子、马武等入城,声言摆酒宴贺功。全场原人同下。

少山的头二本《草桥关》宗乃父戏路,较之老本,略有删减,自马、杜、岑调铫起,至"上天台"止。也就是从老本的第三场开始,到第二十场止。1949年后,裘盛戎排演全部《铫期》,就是以老本为基础又继承了少山的戏路。

金少山勾的铫期脸谱大方,神态肃穆;唱腔正宗大路,韵味隽永,塑造了一位公义与正直的大臣。当时有评论:"直爽个性的金少山演铫期恰到好处。金本人就是一位愿车马衣裘,与朋友共,敝之而无憾的人。……铫期初次出场,念〔引子〕'终朝边塞镇胡奴,扫灭蛮夷定山河',念到镇胡奴,全用调面,声震屋瓦;继念〔点绛唇〕'旌旗电闪遮日月,辕门鼓响震天阙'亦用调面,两支唢呐比不上他一条嗓子"。铫期见到刘秀下跪时并不浑身颤抖。少山认为:铫期虽老,但他是镇守边关领兵打仗的统帅。

豪杰一怒离上海
华乐打炮响九城

金少山之铫期

只是在回府一场时,听到儿子铫刚打死了太师,在又惊又急又气之下,下马后颤巍巍哆嗦着走三步进府。有人讲他"通场走老步,头上汾阳盔的绒球随着脚步应节颤动"的说法是很不确切的。

《清风寨》是一出架子花的小喜剧,演绎梁山好汉李逵、燕青除暴安良的故事:清风寨的盗首刘通见张志善的女儿貌美,便强纳聘礼,定期迎娶。适时,李逵燕青借宿在张家,二人打抱不平,李逵自告奋勇乔装新娘,燕青扮成新娘之弟,就在娶亲当日,燕青与李逵一起混进清风寨。洞房内,李逵痛打了刘通,并与燕青合力将刘通等人杀死,而后火焚了山寨。

侯喜瑞此戏最好,郝寿臣藏拙不动。为加强阵容,万子和又特烦周瑞安饰演燕青,周瑞安不食前言,又欣然应允。戏中燕青属二路武生,而周瑞安是杨小楼以次的大武生,由此可见万子和的良苦用心。

金少山之李逵确有独到之处,扮相不同他人,穿海青色缎子素

《清风寨》黄润甫饰李逵、张淇林饰燕青

褶子，青绒大领镶蓝边，青缎子的彩裤和侉衣，系蓝绦子、蓝大带，穿青缎子的薄底靴，头上向右歪戴鬃帽，向左插茨菰叶，再戴一朵米黄色的粉花，花心上还落了一只蜜蜂。

头场上场前，李逵在幕内"搭架子"："趱行啊！"在〔快长锤〕的伴奏声中快速上场，燕青紧随其后，二人直奔台口亮相。一个是直爽、草莽，一个是英武、潇洒，性格鲜明。

"洞房"一场，少山演的李逵假扮新娘，全走花旦身段，不管是摆动水袖，还是走花梆子小碎步，都惟妙惟肖。用小嗓念白也真有少女的娇柔、妩媚的味道。末了与刘通（杨春龙饰演）的摸黑武打也精彩而饶有情趣。

刘通问道："你乃何人？"

"我呀，我是你李二祖宗！"二人碰面先是两个"过合"，然后一二三，搭叉，一盖两盖，就在此时只见三爷演的李逵连盖手带上腿，用脚尖朝杨春龙演的刘通的胸一点，跟着垫步、拧腰、起飞脚，落地亮相。

李逵再用小嗓，"你给我睡觉。"

"我呀，不睡喽。"刘通说完给李逵一腿，李逵接腿后向"上场门"出掌、反蹦子、背手、搂髯口亮相。接下来，一盖、两盖，刘通走"扑虎"，李逵往前好似一滑步，转身、推髯口、走"鹞子翻身"后踢大带亮相。刘通开门，李逵拍他的后背，并随他出门槛，再一盖两盖，李逵踢刘通"抢背"，接跨腿、"云手"，往左转身，左腿将大带踢上右肩亮相。刘通仓皇逃跑。李逵右手抓大带，向下一捋，涮大带穗子喊："哪儿跑啊！"跟下。

大轴《刺王僚》是一出铜锤应工的唱工戏，此戏金三爷走其父的路子。勾油黄老三块瓦脸，台风大气磅礴，俨然一副帝王像。《刺王僚》卖的是那个〔西皮导板〕转〔原板〕〔二六〕〔快板〕的唱段。

金少山的唱词有别于他人，别人唱"弑君犹如宰鸡牛"，少山唱"弑君不啻宰鸡牛"，"不啻"比"犹如"更为恰当。他的唱词如下：

〔西皮导板〕列国之中干戈厚，（夹白"干！哈……"）

〔原板〕弑君不啻宰鸡牛。

虽然是弟兄们情义有，

各人的心机各人谋。

昨夜晚一梦〔二六〕真少有，

孤王坐在打鱼的小舟。

见一个鱼儿在水上走，

口吐着寒光照人的双眸。

冷气吹得难经受，

大叫渔人快把船来收。

只吓得孤王我就高声〔快板〕吼，

回头来又不见那打鱼的小舟。

醒来不觉三更后，

浑身上下冷汗流。

愚兄一时解不透，

御弟与孤解根由。

少山唱得板槽瓷实，转腔自然，佳腔迭出。像"见一个鱼儿在那水上走"，唱到"水"时，两手平伸往左右摆动，身子也微晃，观之，真有水面荡漾的感觉。"冷气吹得难经受"那个"经"字走鼻音，也真使人有身冒冷气之感。这段唱是一句一彩，掌声不绝。

饰专诸的马连昆也特别铆上，几句快板竟也获彩，红花绿叶相得益彰。

金少山一炮而响，决定成立自己的班社。

## 首创挑班松竹社　酸甜苦辣自己尝

在万子和的谋划下,金少山连卖了四个满堂。

两转演完,金三爷在两益轩设宴谢客。客人们众星捧月说不尽的赞美之言,三爷心中自乐,遂下决心要成立自己的戏班,实现多年来的梦想。

此时,1937年2月25日,在北京内城西长安街西口路南,又开了一家长安戏院。这家新开的戏院,建筑宏伟,有一千三百多个座位。

金三爷想借长安开台之机成立自己的戏班,自己的戏班起个什么名字好呢?他思来想去,突然灵光一现,何不取岁寒三友前两个"松竹"二字,以挺拔耐寒而喻花脸和本人?他约来了挚友徐德增、李春林、韩金福(韩乐卿之子)、李玉安等几位,开门见山地说:"今儿把老哥几个请来商量个事。"

许德增说:"有事尽管说。"

"过去是唱花脸的给人家老生、旦角挎刀,现如今,咱们也能唱大轴了,那么咱自己就不能组个班吗?"

"能,太能啦!组个班,给唱花脸的也争口气。"大家异口同声地说。

"我琢磨叫'松竹社',你们觉得行不行?"

李春林说:"'松竹梅岁寒三友'松竹挺拔,跟花脸合拍,我看行。"

大家齐声说:"就这么定了吧。"

遂定名松竹社,金三爷自任社长(班主),总管李春林,排戏抓总徐德增,后台管事(剧务)韩金福、李玉安。以头天参加演出的人为基本成员:武生周瑞安,老生贯大元,青衣李慧琴,花脸马连昆,老旦李多奎,丑行王福山,小生李玉太,里子老生金仲林等等。

组班完成,金三爷决定进入长安,于是第一次亲自安排戏码:第一天《黑风帕》,第二天《法门寺》。

当时的北京,外城的几家戏院靠门售,这是因为那儿是商业区,流动人口多,观众大多是商人,听戏是即兴之举,临时决定。假如今晚有空,或约上三两好友,去听听戏,至于去哪一家无所谓,这家满座再去别家,无一定目的,也没有预先买票的习惯。所以外城的戏院,不重预售,靠当时"撞"进来的座儿。预售两成,当天晚上能"撞"进八成来,就是满堂。

而内城的戏院与外城的恰恰相反,去内城戏院听戏的大多是士绅名流、大学师生及公馆座儿(太太小姐们),而且早已对号入座,先期预售票了。打算听戏的人,自己提前买票,老戏迷也有定常座的。一个戏班的预售票,总要卖到六七成到七八成,剩下二成当门售。即使风雪大雨也不回戏,因为那二成不卖也不赔钱,所以内城的吉祥、哈尔飞全靠门售。

老北京的戏迷,对他欣赏的角儿,不但每戏必听,而且决不只听一次,对所感兴趣的剧目听个十次二十次也不算新鲜。

金三爷满怀信心地进了长安戏院,广告见报后,一个上午,《黑风帕》只预售了四五成,而《法门寺》也就卖个三四十张,连一成都不到。《黑风帕》如期演出,勉强卖了七成座。

《黑风帕》虽没卖满,但戏唱得可是真好,此戏是金少山的拿手戏之一,可以和《刺王僚》媲美。金三爷自饰高旺,王福山饰高来,李玉太饰张保,任志秋饰儿媳。

金少山之高旺

"游庄"一折唱〔西皮原板〕：

忆昔当年保宋君，谪贬在雅志府身为庶民。

闲来无事观山景，闷来时到山后散散心。

出庄来遇见怪风一阵，〔摇板〕我让风头抓风尾细算分明。

这几句唱得大方舒展，到回府中对杨八姐的〔西皮导板〕转〔原板〕再转〔流水〕整段唱词十六句：

〔导板〕为江山跑坏了能行马，〔原板〕三九天穿铠甲亚似过寒冰。

曾记得你国上我国下，两国不和常动刀兵。

二一阵遇见了杨贤妹，贤妹花枪果然能。

我爱贤妹〔流水〕花枪好，你爱愚兄使黑风。

花枪好使黑风，二人结拜在雅志厅。

宋王一见龙心宠，封我都督安后营。

到后来听信谗言的本，将愚兄贬至在那雅志厅。

天堂潞州贼造反，要叫我发兵万不能！

唱腔在舒展中又透玲珑，那句"花枪好"真叫美，听后绕梁三日难以忘怀。

如果"游庄"的唱、做，只是春云乍展，到了"过关"，金三爷更大显雄威了，使出了浑身解数，尤其是高旺调戏儿媳那段，庄谐杂陈，唱念并重。这段唱词是：

〔摇板〕杀了一个又一个，〔流水〕敌楼上站定小鞑婆。

挫着老夫的心头火，（夹白"丫头哇！"）你且开关我们战几

首创挑班松竹社

酸甜苦辣自己尝

合。

〔流水〕我一见鞑婆开了城，顾不得打仗我就看佳人。

头上的青丝打成了鬏，乌云亚似墨染成。

扬州的官粉擦满了面，苏州胭脂她就点朱唇。

她的眉毛弯弯亚赛过嘚儿龙、嘚儿龙、嘚儿龙戏水，（夹白"咳咳"）一双杏眼水灵灵。

身穿一件鞑婆袄，这么也不长，这么也不短，不长不短正合她的身。

〔摇板〕行动亚似那风摆柳，〔流水〕扭扭捏、捏捏扭、扭扭捏捏、捏捏扭扭。

（夹白"哎！"）〔摇板〕我手持钢鞭将她打，啊……嗯……我舍不得打，〔回龙〕扛起了吧！

他是连唱带表演，节奏松紧适度，在板上又很自由，一边唱，一边学女性的步法、神态，扭腰摆头，手舞足蹈，把高旺性好渔色、游戏人间的本性，体现得那么自然。

只卖了不到一成座的《法门寺》无论如何是不能再演了，只好回戏吧！

为什么《法门寺》卖不动呢？金三爷思考了许久，哦，原来是这样。一天，他忽然明白了：《法门寺》是一出群戏，生（赵廉）、旦（宋巧姣）的活儿比我（刘瑾）的重，人家花钱不能只听我几句念呀！敢情排戏码要讲技巧，要知观众之所好，要让人家花的钱值。而且一个班社经营得好，光凭班主自己单挑不行，一定得有一个懂经营的好管事。

吃一堑长一智。

下一转，金三爷贴出了花脸的重头戏《白良关》带"圆兆"。

# 一句三彩《父子会》　吓坏顽童《审李七》

1937年3月7日,在长安大戏院的东侧几十米的地方,又开了一家"新新戏院",股东是马连良。这座新戏院,设计得非常现代化,连包厢带楼下散座,共有一千四百一十三个座位。也就在这一天,松竹社在东安市场的吉祥戏院贴出了《白良关》带"圆兆"。

《白良关》又名《父子会》,故事见《说唐演义》和《罗通扫北全传》及元杂剧《小尉迟认父》。剧写尉迟恭原以打铁为生,因生计困难,离家出走,投军在外。身怀有孕的妻子梅秀英被北国元帅刘国桢掳去,强霸为婚。梅秀英生下一子,暗中为婴儿取名尉迟宝林。唐太宗带兵征战北国,尉迟恭与刘国桢在白良关前交战,梅秀英趁此时机,对尉迟宝林说明往事,尉迟宝林打死了刘国桢,献关降唐,以钢鞭为证,父子相认。

是剧的尉迟恭属铜锤,尉迟宝林属架子,演这两个活儿的演员必须功力相当才能胜任,当时的北京花脸行郝寿臣、侯喜瑞并驾齐驱,以架子花的戏号召观众,王泉奎孤掌难鸣,故京城已许久不见此戏了,特别是"圆兆",失传多年。海报贴出,堪称空谷足音,吉祥戏院竟然卖了个满堂。

前文已叙,金少山对这出戏是情有所钟,他自然演大黑尉迟恭,马连昆演小黑尉迟宝林。这位马连昆先生,坐科于富连成,生性聪灵、功底瓷实,台上有火候。论艺术全才仅在少山之下,其地位在头二路之间,论头路活儿,能唱《大·探·二》之徐彦昭,二路花脸活儿无所不能。连昆"嗓之浑厚,嘴之精劲,与金(少山)

郝（寿臣）殊途而有独到，识者识之，不识者尝因其地位而略之，故其艺实能倾倒内行。然内行十、九又不喜与同场。"（见翁偶虹《悼马连昆》）马连昆最大的毛病就是爱在台上开搅。有一次他傍某角儿唱《空城计》，当诸葛亮在城楼唱〔二六〕抚琴时，他演的司马懿竟随着琴声跳起了舞，观众大哗，打住戏后，这位角儿冲他一拱手说："我这里用不起您，请另谋高就吧！"但在两个人的班里他决不开搅，一位是马连良，因为他们都是回民，又是同科师兄弟。另一位就是金老板，而且准铆上唱。是晚，在"父子对阵"一场，要对唱几段〔二黄散板〕，小黑唱"番营又来小豪家，乌油盔来乌油甲，皂罗袍上绣团花，问声老将名和姓"，这末一句，马连昆使足力，赢得了一个满堂彩。紧接着金少山的大黑叫了一声"娃娃"，如同炸雷一样，观众齐声喊了个"好"，接唱"你老爷尉迟敬德（大锣一击）保唐家"，在唱"尉迟敬德"时观众又是一个好，唱完"保唐家"后，观众又喊了一个兜底的"好"。这种"对着唷"的场面，真让戏迷们过足了瘾。

下一转儿，松竹社从内城又移到外城，在庆乐戏院，贴出了《李七长亭》。

京剧《李七长亭》又名《赛太岁》，是从梆子移植过来的戏，梆子原名《白绫记》，源自八本《碧洋湖·白绫记》。《白绫记》的故事很曲折，大意是：北宋忠良李昌被奸相所害，其子

郝寿臣《赛太岁》李七剧照

李七为报父仇将妻儿藏匿在河南光州，自己浪迹江湖，结识知己。因他力大武精，江湖人称"赛太岁"，在山东临清与十七名强盗结为一盟。财主包荣结交赃官，鱼肉乡里。李七率众行劫，杀了包荣全家。案破之后，盟弟尤六儿逃走，李七恪守义气，坚不招供。严刑之下，李七想起了在勾栏院中曾与秀才王良有隙，他一方面要开脱尤六儿，一方面为报私仇，便诬王良为同伙。王良被判，与李七等同解府复审。起解路上，王良妻张氏与老仆陈唐哀告李七，李七受到感动，慨然应允替王良昭雪。后，张氏与陈唐赴京，中途失散。陈唐在朽桥旁边，恰遇微服私访宋王赵熙，申诉了王良的冤情。赵熙因朽桥坠马，得陈唐救护，认为是救驾之臣，遂赐御用马鞭，叫他到朝阳门持鞭申冤。在朝阳门果遇范仲淹，但陈唐说不出赵熙的姓名，反惹起范仲淹的怀疑，致使遭受拷打。此时赵熙回朝，问起陈唐，才得真相大白，下旨赦王良无罪，李七发配充军。张氏与陈唐失散后，到永寿庵问签。原来永寿庵是太后修行养静的寺院，惊驾获罪。不想太后有个死去的女儿银河公主，与张氏面貌相似，太后不但不加罪张氏，反而认为义女。结果王良一家各受荣封，陈唐也被封为孝义天官。李七发配福建，随军铡草。这时海寇邬国龙啸聚碧阳湖，大举骚扰，总兵韩国镇抵挡不住，宋兵大败。李七激于义愤，持铡刀冲上阵去，独挡海寇，杀死邬国龙之子邬云彪，海寇逃窜，宋军转败为胜。李七立功，随军效力。后来邬国龙又来进犯，李七战死。李七之子双牛儿挂帅平寇，替父雪恨。

一句三彩《父子会》
吓坏顽童《审李七》

早在三庆班时，徐宝成、大奎官等花脸名宿就常演《审七·长亭》，传到黄润甫，经他进一步加工，称为黄派绝剧之一，这出戏继承最好的是宗黄的郝寿臣。

金三爷的《李七长亭》艺宗刘永春，是在上海学的。

刘永春直隶大兴人，幼入北京最早的科班嵩祝成学艺，拜师大奎官。清光绪九年（1883）搭永胜奎班登台露演，光绪十四年

（1888）搭春台班为花脸首席。光绪十七年（1891）应召为清廷升平署民籍学生，在宫中与孙菊仙、谭鑫培合作《断密涧》、《天水关》、《捉放曹》、《取荥阳》等戏。

刘永春身材魁梧，演唱力厚声洪，气势磅礴，擅演剧目有《探阴山》、《白良关》、《锁五龙》、《李七长亭》、《御果园》、《铡美案》、《探皇陵》等。庚子年（1900）与谭鑫培重登上海，"声誉大噪"，后久驻江南。

就在金少山初到上海时，刘永春就看出他将来必成大器，于是主动给少山说了几出戏，其中就有这出《李七长亭》。

这出《李七长亭》属架子花的戏，有几处独到的表演特色：其一，李七的脚步。李七于幕内一声"咱！来了哇！"在〔乱锤〕中迈跳步上，这种步子术名叫"螳螂身子疙瘩步"，是源于生活高于生活的一种艺术脚步。李七手上戴着手杻，脚上趟着大脚镣，他走的步子不同常人那样拉着胯拖着步走，而是迈跳步，来表示他桀骜不训的性格。跳步是踢着走，两手握着铁链，全凭两只膀子来回晃动，两臂向左，踢左步，两臂向右，踢右步，身子不能挺直，可又不能躬腰。

其二李七念"怯口"（用河南的地方话）。李七穿快衣罩红罪衣，下穿红彩裤，脚下穿草鞋（郝寿臣是穿厚底靴）。那天，金三爷临上场之前，突然发现后台有点干草，他顺手抓了几根搭在蓬头上，幕内喊一声"来了哇"带手杻、趟脚镣上场，念：

〔扑灯蛾〕做贼的不听劝，半夜三更充好汉。

偷骡马盗绸缎，大元宝手内攥。

吃花酒宿娼院，赌博场中胡乱窜。

指望一场真富贵，谁知他娘的二年半！

天不容把事犯，这刀枪矛子押到监。

头门上也要礼，二门上也要钱。

上面坐的活阎王，两旁的衙役似鬼判。

夹棍夹、拶子拶，招口供押进了监。

有朝一日京详到，这咔嚓、咔嚓……去了老子的九斤半。尸首打在了阳沟内，猪也吃、狗也餐，乌鸦头上打转转，乌鸦头上打转转。

念完〔扑灯蛾〕再念定场诗：

我本当初一宦家，只为不平走天涯。

好汉弟兄同结拜，偷盗犯了皇王法。

念完诗再报名"咱，赛太岁李七！"报完名他在台口使了一个相，坐在前排的一个小孩子，被吓得"哇"的一声哭了起来。事后，这成为梨园行的一桩笑谈。

一句三彩《父子会》
吓坏顽童《审李七》

## 花脸大会列大轴　知音喜遇知音在

金少山深知当家不易，不断地总结经验教训，知道号召观众一是要凭实力，二是要戏码巧。下一转又回到了内城，在吉祥贴出了《龙虎斗》。

《龙虎斗》在《下河东》的后面，本是一出开场戏，是演宋太祖赵匡胤收呼延赞的故事：呼延寿廷被冤杀后，家属均在乐家寨；其子呼延赞闻报，乃率兵至河东报仇，宋军皆非其敌。赵匡胤亲自出马大战呼延赞，被呼延赞一鞭击下马来，呼延赞欲杀之，赵匡胤的头上忽现龙形，惊得呼延赞失神坠马；这时赵匡胤欲杀呼延赞，而呼延赞的头上又现虎形。二人互相倾诉，一个感到得遇真主，一个觉得喜得虎将，情投意合，互为欣赏，呼延赞乃投宋。

这出戏并不好唱，全剧用唢呐伴奏，花脸、老生没好嗓子根本唱不了。喜的是演赵匡胤的贯大元嗓子有调门，能和金三爷一决雌雄。于是海报一贴大为轰动，当晚，虽然大雨倾盆，金鱼胡同内（吉祥戏院的大门）汽车排成了长龙，剧场满员，连楼上包厢后面都站满了人，尤其是内行来得多，唱花脸的基本不落空。

金三爷的呼延赞一出场，观众冲他勾的脸就给了个满堂彩。他这个脸勾得规整大方神采飞扬，谱式似《托兆碰碑》的杨延嗣，脑门勾一笔虎，往台上一站，虎虎生威。当时就有人说：真像只老虎，就是少了只尾巴！

全剧唱唢呐二黄，真可谓黄钟大吕，响遏行云。尚小云一面听一面说："北京城可有好些年头没听过这个了！"贯大元的赵匡胤全力以赴，毫不逊色。二人有几句对唱：

　　呼延赞　万岁爷不必心害怕，呼延赞保你坐中华。
　　赵匡胤　你若保孤坐中华，快对苍天把誓发。
　　呼延赞　呼延赞保主若有假，死在了千军万马踏。
　　赵匡胤　左思右想不下马，金锏挑起孤的小卿家。
　　呼延赞　走向前来参王驾。
　　赵匡胤　孤王传旨且平身。
　　呼延赞　杀父仇人哪一个？
　　赵匡胤　欧阳方是尔的对头人。

这几句对唱咬得紧、口齿清，"杀父仇人哪一个"兜底甩了个大腔，赢得了一个炸窝的"好"。

花脸大会列大轴
知音喜遇知音在

戏画《下河东》

其实《下河东》、《龙虎斗》的剧情不尽合理，有人曾提出过质疑，有署名四戒堂主人者在《立言画刊》上发表《由〈下河东〉到〈龙虎斗〉》的文章，倒也有趣，现全文录下：

昨与友人三五聚餐某处，座中有人述及黄三（润甫）因在内廷唱《下河东》做戏过恨，被慈禧太后棍责之后又赏若干两之一段故事。当时另一友人认为《下河东》中欧阳方一味公报私仇，擅杀呼延寿廷之事，实是罪不容诛。然而在本戏中并无结果，令人难免愤怒。虽《龙虎斗》中之呼延赞在唱词内声明系寿廷之子，为报父仇而来。但结尾在"杀父仇人哪一个？""欧阳方是尔的对头人。""问声奸贼今何在？""不在前营在后营。"四句对口之后，只说"离别万岁把马跨，后营去把奸贼杀。"究竟杀了未杀？如何杀法？仍无下文，尤不痛快云云。此君所论，昔年笔者亦尝有此憾，以为《下河东》、《龙虎斗》两出应是连贯史实，而戏上并不连贯。关于欧阳方之结果问题，见首不见尾，更难令人满意也。

前岁笔者寄居鲁南，听听"野台子"班各戏，已屡在本刊记述。关于《下河东》问题之憾，亦是在此时期中不期然而得解释。某日，该班贴全本《下河东》，唱罢之后，始知在《下河东》与《龙虎斗》二戏之间，原来尚有若干场，前后方能连贯。不过仍有一件问题认为不满。此日所唱，出场便是通常之《下河东》，四太监上赵匡胤。究竟欧阳方所述之"打牙仇恨"是何事实，直至末尾亦不知真相。此点是欧阳呼延两家结怨之缘起，似乎不应简略。或者在《下河东》以前，原来尚有数场追述其事，则在不可知之列矣。

在普通《下河东》末场，赵匡胤白："用你不着，出帐去吧"。欧阳方下场然后赵匡胤亦即"转至龙棚"而随下。此处接上四龙套武旦（即呼延寿廷之妹），两句白口："兄长去出兵，不见转回程"之后，随上报子言道："大老爷不知身犯何罪，龙棚斩首"。武旦白："不好了"，起牌子，持枪上马。白龙三太子由下场门迎上起打。武旦被杀，白龙亮相下。再场上呼延寿廷魂子，历述被欧阳所仇杀始末，"不免回家与妻儿托梦一番，亦好报仇雪恨"。起唱吹腔，约六句或八句而下。自此场以后，直到《龙虎斗》赵匡胤坐高台改用唢呐时，所有唱词全是吹腔。此又一可疑之点，始终不甚明白。以意度之，大概老年初排此戏，皆是吹腔，《下河东》《龙虎斗》二段虽已翻二黄，其余则未，询诸该班老板，则以"历来如是"为对，含混之词莫名其妙也。

再场，呼延夫人偕哑儿（即呼延赞）同上，坐场略述其夫出征，令妹相随保护，迄今多日，毫无音信，母子在家十分挂虑之意。起唱，进帐子入睡。上魂子托梦，惊醒哑儿嘱为报仇。唱词甚多，惜不记忆。魂子下场，哑儿推醒其母，报告梦境，手语情形颇为可笑。呼延夫人所梦既同，遂决偕子寻夫而同下。再上赵匡胤一场，唱白皆不多，表示久困之苦闷。此场似专垫作隔开呼延夫人连上两场，故甚简单。

赵匡胤下场后，真武大帝偕龟蛇两将同上。坐场述呼延母子身负奇冤，行将寻夫到此，俟其到达，当将哑儿治愈，并传授武艺，以便代父雪仇。随上呼延母子。先场之呼延赞系由一小孩勾脸扮演，此场即改成人，虽两场相隔不远，变化似嫌稍快。但按赵匡胤在《龙虎斗》中所述"可恨欧阳方将孤诓至河东，七载有余……"云云，既有七载有余似此变化尚有可解。再者古来行路维艰，母子长行需时几载之事，亦所在多有也。母子入庙打睡之后，真武传给鞭法其情形有类李元霸之学锤。学罢之后再入睡，另由其母推醒。哑疾既愈，母子之惊喜可知。随后母子遵真武之指示，前往罗家山。此场之下即是"鞭坠白龙"起打，下接《龙虎斗》，一切皆与二黄班相同。所不可解者，接《龙虎斗》中呼延赞所唱"罗家山前自为王"之语，似乎罗家山为一久已屯聚之地，始能"发来一哨

花脸大会列大轴
知音喜遇知音在

人马,昨日鞭坠白龙,今日马踏御营"。今由学艺之后紧接《龙虎斗》,将到达罗家山以后情形略去,颇嫌不妥。记得幼时曾听瞎子唱《呼家将》全部大鼓似应有此说部,但却从未寓目。究竟小说上此类关键地方如何叙述,久拟查阅以破闷葫芦。惜俗冗太多,未得其便耳。

《龙虎斗》在赵匡胤下场之后再上欧阳方,出场即听乌鸦叫,然后有两句白口,类似《宝莲灯》刘彦昌上场之词句。随即急上呼延赞。见面时,欧阳方欲责问闯帐之罪,而呼延赞于问明何人后,即举鞭而击,大约此欧阳先生"肝脑涂地"矣!再上赵匡胤,问欧阳何在?呼延答以已经手刃。最后仍是老套子,在摆宴庆功之下而全剧以终。(见《立言画刊》第55期)

金三爷唱完《龙虎斗》之后,又开一窍:敢情《法门寺》虽大,是熟戏,玩意儿少就没人买票;《龙虎斗》是小戏,但里面有真玩意儿,就能卖满堂。他琢磨后,下一转就在中和戏院贴出了《断密涧》,老生依然是贯大元。

贯大元也是梨园世家,其父贯紫林是有名的武旦。贯大元自幼从贾丽川、姚增禄学老生,七岁便登台挣包银养家。后与梅兰芳、周信芳等同在喜连成科班借台演戏,继续学艺。他幼工扎实,戏路甚宽。成年后与票界人士交往,向范濂泉、恩禹之等谭派名票求教;又经王瑶卿、贾洪林指点,且常与余叔岩切磋,是正宗的谭派老生(谭鑫培曾对贾洪林言:你的学生就是我的学生)。大元的二弟盛吉工丑,是萧长华的高足,三弟盛习也在松竹社唱老生。

贯大元

《断密涧》一剧是李密、王伯当投唐的故事,见《说唐演义》第四十四回、《隋唐演义》五十三至五十四回、《大唐秦王词话》十二及十五至十六回、《孤本元明杂剧·四马投唐》。剧情是唐朝初年,瓦岗寨首领李密刚愎自用渐失人心,魏征、徐世勣等人皆弃之而去,诸将也纷纷投唐,仅剩王伯当相随。李密迫于无奈才听从王伯当的劝告,遣散了士卒,二人同去投唐。途遇秦王李世民,王伯当向李世民讲明李密前来投唐之意,李世民深明大义,不计前仇,并引见二人去见唐皇李渊。李渊受降,并将侄女河阳公主许配李密为妻。李密虽被招为东床驸马,但反心不改。一日李密向河阳公主诉说篡位之事,遭到河阳公主的谴责,李密一怒之下杀死公主,携王伯当逃走。李世民闻知带兵追赶至断密涧,以兵围之,好言相劝。但李、王二人一意孤行,被射死在断密涧。

其实这是两出折子戏,前边名《双投唐》,演到见李世民完。后面自李渊金殿召见李密,封官赐婚,李密醉杀公主,反唐出走,到断密涧被射死止,名叫《断密涧》。《双投唐》是开场戏,带上《断密涧》共十几场,就可列大轴了。

《断密涧》是花脸的重头戏,不但唱段多,而且多走高腔。特别是其中的一段〔二六〕更为难唱。在生、旦戏里,〔二六〕可以单独开唱和结束,也可以由其他板式转来,或再转入〔流水〕结束,而花脸的〔二六〕唱段很少,除《断密涧》和《刺王僚》外,彼时几乎难见〔二六〕的唱腔。

金三爷唱《断密涧》同《刺王僚》一样对工而技艺能得施展。

李密的脸谱历来有两种勾法,一派勾鸟眼瓦,虎纹眉子,通天紫,两颊填紫瓢;一派勾紫六分,眉子不圆而立,且勾出眼瓦形。少山取六分格式。装扮上头场戴草王盔、髯满、翎子、狐狸尾,后换侯帽,穿紫蟒、紫龙箭衣、马褂。

《断密涧》是一出西皮戏,唱段、唱词较多,这更有利于金三爷嗓子的发挥。有一个人的独唱,有两个人的对唱;有〔摇板〕、〔原板〕、〔散板〕、〔二六〕,还有众多的〔快板〕,听之就像三伏天吃沙瓤西瓜,那叫一个解渴。

金少山的唱腔平正大方,古朴简洁,高下自如,气势磅礴。李密的第一句唱是〔西皮摇板〕"王贤弟说话太有理","太有理"的"有"字虽然是上声,但湖广音与京音的声调不同,京音的上声字的调性为"降升调",湖广音的上声字的调性为"高降调",金少山在这个字的处理上,一方面按照湖广的字音处理,同时又遵照"上声高呼猛烈强"的法则对唱腔加以安排。唱完一句〔摇板〕后紧接着转〔快板〕:

猜破了孤王的暗中意。

李密忙离金交椅,

背转身来自猜疑。

倘若是他国的刀兵起,

好一似苍鹰抓败鸡。

回头来叫一声王贤弟,

孤王言来听端的:

你本是堂堂的奇男子,

休做那三心二意的。

这段快板唱完获得了一个满堂彩。李密接受王伯当的建议决定去投唐后,有一段唱:

〔西皮原板〕在头上摘下了飞龙帽,

身上脱去蟒龙衣。

勒住了马头用目觑,

锦绣江山〔快板〕化灰泥。

此一去降唐好一比,

虎落在平川被犬欺。

当李密听到李世民："小王岂肯言无信，快请魏王把话云。只要真心来归顺，俱是皇兄御弟称"，李密唱一段〔西皮二六〕：

李密闻言无定准，

背转身来自思忖。

孤在那瓦岗我多侥幸，

称孤道寡亚赛过老朝廷。

孤的将令一出〔快板〕山摇动，

大小三军谁不尊！

只要那唐童不记恨，

孤王情愿屈膝他人。

贤弟与孤你就把路引，

〔摇板〕有罪李密臣见君。

这两段是李密的重点唱段，从剧情分析，反映了李密此时此刻的真实思想，从艺术上来看，唱腔简练、紧凑，毫不拖泥带水，使人不感到冗长。〔原板〕第一句"在头上摘下了飞龙帽"里的"摘"字，是阴平字，京剧中一向有"阴平不可低唱，阳平却可高呼"的口诀，所以金少山唱的"摘"字用高音，很提神。"飞龙帽"的"帽"字，按〔西皮原板〕的格律来说，应当落在板上，才合乎眼起板落的这一道理，但金少山却落在眼上，这不能不说是一种破格，经此一改，使唱词更为连贯，唱腔的节奏亦更为紧凑，又使听众耳目一新。〔二六〕"李密闻言无定准"的首个字"李"字是个上声字，上声字的法则是"高呼猛烈强"，金少山唱成（索来米），"高出低收"，"忖"字与"孤"字的中间没有小过门，"在那瓦岗我多侥幸"中的"在"字和"我"字，"称孤道寡"的"孤"字，都用了闪板的唱法，这种唱法是花脸很少用的，而金少山在这里反复使用，体现了他高超的演唱技术。"多侥幸"的"多"字，金少山把这个字的腔拖了三板，强调他当初在瓦岗寨时悠然自得的心情。而在转入〔快板〕时,他不是从一句之首开始,而是从"山摇动"开始转板,因此,显得突出新颖,这是金少山的发展。

贯大元的王伯当演得也真好,穿上箭衣马褂边式利落,有一条好嗓子,唱〔西皮原板〕第一句"大王说话太痴迷",最后三个字翻高了唱,顿时获得满堂好。李密与王伯当行至断密涧,在被射杀之前有一段对唱竟长达四十二句,这一大段唱,唱得情容结合,节奏快慢适度,衔接处咬得紧。铁嗓钢喉,势均力敌。观戏者无不大呼过瘾:

李　密　〔西皮原板〕
　　　　到此间孤才把宽心放。
　　　　问贤弟因何故面带惆怅?

王伯当　(接唱)
　　　　你杀那公主为何故,
　　　　忘恩负义为的是哪桩?

李　密　(接唱)
　　　　昨夜晚在宫中饮琼浆,
　　　　〔快板〕
　　　　夫妻们对坐叙衷肠。
　　　　孤把那实言对她讲,
　　　　又谁知贱人撒癫狂。
　　　　大丈夫岂容那妇人讲,
　　　　因此上拔剑斩河阳。

王伯当　(接唱)
　　　　闻言怒发三千丈,
　　　　太阳头上冒火光。
　　　　可叹三十六员将,
　　　　东奔西逃各一方。

单单剩下王伯当，

大胆保你来降唐。

东床驸马无福享，

一心要想做帝王。

李　密　（接唱）

贤弟把话错来讲，

细听愚兄说比方。

昔日里韩信谋家邦，

王伯当　（接唱）未央宫中一命亡。

李　密　（接唱）谋朝篡位是王莽，

王伯当　（接唱）千刀万剐无下场。

李　密　（接唱）李渊也是个臣谋主，

王伯当　（接唱）他本是真龙下天堂。

花脸大会列大轴

知音喜遇知音在

李　密　（接唱）说什么真龙下天堂，

孤今看来也平常。

此去借得兵和将，

带领人马反大唐。

江山若是归吾掌，

封你一字并肩王。

王伯当　（接唱）说什么一字并肩王，

羞得王勇脸无光。

人心不足蛇吞象，

好比黄雀斗螳螂。

任你纵有千员将，

冰霜焉能见太阳？

李　密　（接唱）贤弟休把怒言讲，

君臣一路好商量。

李密打马朝（哇）前闯，

王伯当　〔散板〕王伯当错保了无义王。

〔快板〕对唱讲究的是气口，气口匀好则字字均好、节节均好。金少山黄钟大吕，贯大元声音高亢，可称势均力敌。最后这四十二句的大段唱终结在王伯当的"嘎调"上。剧场中叫好声掌声交织在一起，如同激浪狂潮，大有掀翻屋顶之势。

金少山在上海时，唱架子花的郝寿臣、侯喜瑞早已名声显赫，称雄京城。唱铜锤的王泉奎还能叫几成座，但难以与郝、侯抗衡。少山回京后，形成了金、郝、侯三足鼎立局面，是花脸行的鼎盛时期。

梨园行有个惯例，年底要办"窝头会"，即为救助苦难同行唱的两天义务戏，平常日子里为赈灾、捐款等公益活动也有小型的义演。金少山回京的当年年底，照例要办"窝头会"，金少山既然在梨园公会挂了号，当然要参加。这次"窝头会"的戏码是这样安排的：头出李多奎《行路训子》，二出是贯大元、周瑞安的《连营寨》，压轴是金少山与谭富英的《捉放宿店》，大轴是杨小楼、郝寿臣的《九伐中原》。这出《九伐中原》从《红逼宫》唱起，接《姜维探营》、《司马拜泉》、《草上坡》到《铁笼山》止。郝寿臣饰

金少山之司马师

司马师，李洪春饰"探营"的姜维，杨小楼饰后面的姜维。

《红逼宫》是郝寿臣常演的戏，他注重刻画人物，司马师逼宫完毕，自己发令，令自己征讨姜维，念道："此番得胜回来，另有升赏。若是败了哇……"往左右两往，再念："嗳，胜败乃兵家常事，何罪之有？"自问自答，把奸雄善耍权术的神态，做得惟妙惟肖。演到此处，观者掌声如雷，竟然有个观众高喊一声"好奸雄"。

饰演《探营》姜维的李洪春与金少山同庚，是个很了不起的人物。

李洪春，行内人称其为"李洪爷"，此称源自他辈分大，会得多。他出身武术世家，从曾祖起在山东武定县以教武术、保镖为业。后辗转到北京，其祖父李友明曾是山东道上有名的镖客"花鞋李三"，因年迈而被人荐到"三庆班"下处（宿舍）看门护院，兼带给学员教授武术。其父李春福亦进"三庆班"学徒，从此，武术李氏一家入了梨园行。

李春福出科后，搭过谭鑫培的"同庆班"唱三路老生，谭鑫培、余玉琴等看其为人厚道，办事认真，就让他专门管事了。

李洪春七岁入陆华云办的"长春"科班学艺，学名春才，与张春彦、荣春善（蝶仙）同科。科班给他打下了雄厚的基础，他转移多师，学习广泛。由姚曾禄先生教授他《石秀探庄》、《蜈蚣岭》、《陈塘关》、《闹海》、《乾元山》；陆春元先生教授他《武松打虎》、《林冲夜奔》、《夜巡》；由鲍小山教授了《雅观楼》；由吴和吉先生教授了《双观星》、《挡谅》、《挡幽》、《挡曹》；由吴连奎先生教授了《醉写》、《金马门》、《秦甘罗》等戏。

李洪春十一岁拜谭鑫培弟子刘春喜学谭派戏，拜武术名家孙文奎深造，其"关王十三刀"对他日后的表演有很大影响，二十岁在扬州平山堂拜三麻子（王鸿寿）为师，随师五年，继承了老爷（关羽）戏30多出，后成为北方演老爷戏的第一人。他还移植创编

花脸大会列大轴

知音喜遇知音在

新戏多出。

李洪春还在北京国剧研习社、斌庆社、荣春社、中华戏曲专科学校任教,成绩卓著,有许多演员愿拜在他的名下,早期的弟子有宋遇春、李万春、王金璐、曹艺斌、奚啸伯、张玉禅、袁金凯等。李少春、高盛麟、傅德威、尚长春、梁慧超、茹元俊等也请益于他。王少楼、李和曾也执弟子礼向其学艺。《秦琼表功》、《截江夺斗》、《对刀步战》、《绝燕岭》都有独特之处,老爷戏中的《新野慈放》、《阅军教刀》、《三许云阳》、《收姚斌》、《教子观鱼》、《破羌兵》由他创编。

李洪春演《探营》的姜维,火候掌握得准,唱念做表全到位。

《铁笼山》是杨小楼的代表作之一,姜维的"起霸观星"、"二马交合"、"丢刀攒"、"望兵双收"、"连环八件"、"接箭射淮"和〔尾声〕中的"趟马"都是观众的欣赏点,更是杨宗师展现才艺的地方。

所以说安排这出《九伐中原》演大轴是合适的。问题是前面压轴的《捉放宿店》演员也很有号召力,虽然北京的观众对谭富英的这出戏司空见惯,但金三爷可是首次露演,观众自然聚精会神地看。金少山与谭富英铁嗓钢喉,都铆足了劲,"行路"中曹操与陈宫只不过各唱两句〔西皮摇板〕"八月

《挑袍》杨小楼之关羽

中秋桂花香，行人路上马蹄忙。坐立雕鞍用目望，见一老丈站道旁"。但金三爷的第一句就要下了好。到唱〔西皮原板〕"恨董卓专权乱朝纲，欺天子压诸侯亚赛虎狼"时，"朝纲"二字使高音拔地而起，极有震撼力，观众自然觉得解渴。等到《宿店》一完，《红逼宫》上场，疲惫的观众便如厕去了。剧场内秩序有点乱，再加上刚听完金三爷的大嗓门儿，相比之下郝寿臣的嗓门儿就显得小多了。而凑巧，郝寿臣有个毛病，一过晚上十二点嗓子就不听使唤，那时已是一点多了，怎么使劲儿，声音也大不了。事后，郝先生深受刺激，据说回到家就剃了网子（勒头用具）以示从此不上台了。

京城名流傅惜华、杜颖陶组织了一个"国剧艺术振兴会"，于1937年7月2日在新新还办过一场花脸大会，一共五出戏，演员自报公议。议定：开场《大回朝》，由王泉奎饰演闻太师。第二出《下河东》，由刘连荣饰演欧阳方。第三出《丁甲山》，由侯喜瑞饰演李逵。压轴《审李七》，由郝寿臣饰演李七。金少山唱大轴《御果园》。

花脸大会列大轴 知音喜遇知音在

《御果园》又名《尉迟恭救驾》，本事最早见元代尚仲贤所作杂剧《尉迟恭三夺槊》及无名氏《投唐记》传奇。另可参见《说唐演义》第五十八回和《大唐秦王词》第三十八至三十九回。剧写唐初，李渊的三个儿子建成、元吉与世民争储君之位，适值李世民征战

金少山之尉迟恭

得胜还朝,封为东宫守阙。李渊又对立功诸将一一封赏,当封到尉迟恭时,建成、元吉因尉迟恭是世民的嫡系而阻拦。他们一同进谗,指责尉迟恭"单鞭夺槊、赤身救驾"之功实属假冒。李渊即命在御果园重演救驾过程。时值隆冬,天寒地冻,尉迟恭因无法再现下河洗马的情景而愤懑。幸有黑、白二位夫人呈上他挚友李靖留下的书信和丹药。尉迟恭大喜,当即照信所示,叫人取姜汤与乌骓马各服红、黑药丸。少顷,人与马均大汗淋漓,不畏寒冷,乃重演当时下河洗马情景。徐懋功等人料定建成、元吉必加害尉迟恭,均前往保护。李世民却屏退左右,只身入园。果不出众人所料,扮单雄信的正是建成的心腹黄壮,他竟假戏真做去追杀李世民。徐懋功等急报尉迟恭,尉迟恭赶来将计就计举鞭将黄壮打死。愤怒之下,他又要去追杀建成、元吉。李世民因尉迟恭已二次救驾,又加事关重大,责令罢手,并亲带尉迟恭面君,请求惩治。

《御果园》是一出铜锤应工的大戏,共九场,尉迟恭的重点在第三场和第七场。第三场以唱、念为主,著名的两段〔二黄原板〕虽以叙事为主,但少山唱得大气磅礴。唱词是:

(白)唉,夫人哪!

(唱)提起了当年投太原,

建成、元吉怒发冲冠。

某一言未发推出斩,

多亏了乔公山救我的命还。

二次里山后投刘主,

晋阳王他待我恩重如山。

响马打死了宋金玉,

宋金刚他与某结下了冤。

日抢三关夜夺八寨,

我在美良川前铜对过鞭。

到如今说什么三跳涧，
怎奈是数九腊月的天。
赤身骒马难交战，
活活冻坏了将魁元。

有劳二位夫人言，
扯开了封皮仔细观。
你我分别不久远，
黑红二丸带身边。
红丸将军自己用，
黑丸付与乌骓餐。
叫人来取姜汤爷把药咽，
这黑丸付与那乌骓餐。

"建成元吉怒发冲冠"中"建成"二字与"拆开了封皮仔细观"中的"拆开了"三字都翻高唱，如晴天霹雳，观众无不喝彩。第七场，尉迟恭穿短打扮拉马上，唱〔二黄散板〕"数九寒天风不冷，连人带马汗淋淋。忙将乌骓来整顿——"然后，尉迟恭开始"洗马"。所谓马，只是一根马鞭，在这里充分展现京剧大写意的特点，用虚拟手法，让观众看到马头有多高，马身有多长。洗马的每一个动作都细腻而有生活依据。在"假戏真做"中体现演员的"做"功。少山有深厚的武功基础，身段大方漂亮。

此次花脸大会，观众反响强烈，期待着再办第二次。

转过年来，松竹社经人介绍来了一个新管事，此人姓孙名焕如，才三十多岁，但精明强干，曾做过小杨月楼的管事，又当过天津平安戏院的经理。金三爷与孙焕如一番"论道"后，大喜，当即拍板，"焕如啊，从今往后，咱松竹社里里外外就全归你了！"

"金老板，您这么信任我，我一定不会让您失望的。我比您小十几岁,不当之处,您还要多海涵。"

"甭客气,咱们肩膀齐论弟兄,咱俩就算是忘年交吧!"

"我高攀了。"

从此,松竹社在孙焕如的管理下,蒸蒸日上,日进斗金。

京剧演员成名特别是挑班后往往都要排演新戏以号召观众,这种戏不同于官中的传统戏,都是根据演员本身的艺术特长而创编,内行叫自己的戏。如杨小楼之《野猪林》、梅兰芳之《生死恨》、程砚秋之《荒山泪》、唐韵笙之《驱车战将》、周信芳之《明末遗恨》等等。金少山有了自己的松竹社,于是也就有了想排演自己戏的想法了。

演员靠人捧,捧人者大致有两种,一为大款,一为墨客。大款与墨客把劲都用在了旦行和生行身上了,如齐如山、冯耿光等的"梅党",陈墨香之助荀慧生,罗瘿公之帮程砚秋等,而净行却无人心痛。但恰恰有位翁偶虹先生,偏爱花脸,与金三爷成为莫逆之交。

翁偶虹原名麟声,笔名偶虹、藕虹、怡翁、碧野。1908年生于北京,五岁读书,自幼喜好京剧,曾专门向一名票友学唱花脸,经常粉墨登场,广交梨园行的朋友。1930年应焦菊隐之邀,加盟中华戏曲专科学校教授文化兼职编剧。

金少山返京之时也正是翁偶虹大展身手之时,从编排《太平公主》开始,一发而不可收,连续给戏校的学生们编排了《宏碧缘》、《火烧红莲寺》、《鸳鸯泪》、《美人鱼》、《凤双飞》等新编戏,且上座律高。既培养了学生,又有经济效益,落得个皆大欢喜。当时戏校的尖子生如李玉茹、李玉芝、白玉薇、侯玉兰、王金璐、储金鹏、王玉让、张金梁等皆参加演出并担当主演。

喜爱花脸的翁偶虹为金少山的艺术所征服,松竹社演出无戏不听,每场必到。当年高庆奎红于上海滩时,金少山曾与他合作《三

王金璐、李玉茹《美人鱼》

花脸大会列大轴
知音喜遇知音在

十六友》，并结为盟兄弟，翁偶虹经高庆奎引见得识少山，"每作长夜之谈，辄恨相见之晚"。

一次二人交谈，少山说："咱哥儿俩一见如故，我一个唱戏的，高攀了您这个老夫子，您又是这样真诚待我，我把您当做知心兄弟，有一肚子话，也就是想跟您说。"

偶虹也诚恳地说："我非梨园行中的人，但这里边的事，我听得不少，您有何苦衷尽管诉吧。"

少山说："我从小在戏班里滚，称得上是菜里虫，菜里烂。我恨透了经励科（约角组班的部门），他们手里拿把剃头刀，嘴里没有准舌头，对我们唱戏的大耍花手心，什么'戴帽儿'（借演员的名义向资方多索包银，自入私囊），'剜肚子'（克扣演员的戏份儿），花样多哩！卖满堂也报八成，私下分肥，喝唱戏的血！可咱又离不开他们，他们也属于'四执交场'的'交作行'啊。我之所以常常误场，就是故意耍耍他们，叫他们着急出汗。愈卖满堂，我愈误场，叫他们也知道金少山的血不是那么容易喝的！"

金少山就是这样一个敢于抗争又有智慧的人，在敌强我弱的情况下，只能采取迂回战术。

翁偶虹是一位真正读懂了金少山的人，他拿少山演过的几个人物来比对他的性格，"既不像憨厚鲁莽的李逵，也不像狡诈多疑的曹操；说他像张飞而放荡过之，说他像牛皋刚直不及，他似乎以敝屣人生的态度，游戏世间。他对待朋友，有时一诺千金，有时说了不算。从心里尊敬的人，执礼唯恐不恭；从眼里看不起的人，交谈不顾失言，倒有些像戏台上的焦赞。"

这是一个净友的灼见。

## 大展身手义务戏　"霸王"首会陆素娟

"国剧艺术振兴会"把平时凑不到一起的名角,和平常难得上演的戏码拴在一起,专办合作戏,所得款项全部捐献。金少山名冠九城,戏提调亦自然要请他参加,少山参加过的主要有下列几场:

在长安戏院,和谭富英演过双出,前面是《黄金台》。

《黄金台》的故事发生在东周时的齐国,齐湣王宠邹妃及太监伊立,伊立诬陷与自己政见不和的世子田法章非礼于邹妃。湣王怒,派伊立擒斩。田法章逃入御史田单府中,田单将法章男扮女装,瞒过伊立搜府,护其逃出城外。金少山饰伊立,勾白太监脸,人高马大,骄横气十足。上场的"趟马",身段干净大方,跨腿、转身、打靴底亮相后一声"嘚!马来呀!"得了一个满堂"好"。二次上场唱两句〔二黄散板〕"御史衙前下了马,有劳大人相迎咱",第一句"马"字,

谭富英《定军山》

拉了个腔，又得一个"好"。见田单后的对话，田单念韵白，伊立念京白，很有戏剧性。

田单　不知公公驾到，未曾远迎，当面恕罪。

伊立　岂敢，岂敢！咱家来得鲁莽，田大人你就恕个罪吧！

金少山念这一句派头拿捏得准，特别是念"罪吧"时，摇头晃脑那个不可一世令人憎恨的样，可谓入木三分。田单与伊立有一段对话甚为精彩：

田单　黑夜之间，带领许多校尉驾临敝府，但不知有何公干？

伊立　田大人，难道说这件事情，你还不知道吗？

田单　下官不知。

伊立　既然不知，待咱家我慢慢地告诉与你。

田单　公公请讲。

伊立　只因东宫世子田法章，人伦大变，子要淫父妃。大王大怒，赐咱家宝剑一口，三更时分，斩杀世子回奏。也不知是何人走漏了消息，世子连夜逃出皇城。咱家二次启奏大王，大王赐咱家四十名校尉，各府搜寻，各府俱已搜到，并不见世子。我想世子他……

田单　怎么样？

伊立　定藏在了你府！

郝寿臣演此戏，每到此准得好，而金少山也不含糊，照样获彩。

下面的表演更为传神：

田单　（转眼珠、抒髯、思索）也罢！待下官差人四下寻访，有了世子的下落，献给公公就是了！

只见金少山演的伊立放下"二郎腿"念：哎呀田大人，这话儿可不是这样的说法！这时谭富英演的田单把左腿往右腿上一压，左手拉住右手水袖，右手伸出来，往下连摇带指，眼望着伊立问："啊，公公，这话要怎样的讲法呢？"俩人连念带表非常细腻，顿时掌声如雷。

演戏到"搜府"情节，伊立问"当真不在？"田单答"果然不在。"伊立怒目紧逼"我就要——"田单沉着应对"要怎样？"伊立大吼"搜啊——"在〔四击头〕中伊立用右手撩田单左手，向里转身，同时左手盖田单右手，"合扇"转身，伊立拔剑威逼；田单右手翻水袖盖头，左手水袖垂下作惊恐状，二人同亮相。〔撕边〕伊立"欺"向田单，田单哆嗦视伊立。对以上表演，观众又给了满堂掌声。

后面大轴《黄鹤楼》，谭富英饰刘备，少山饰张飞，姜妙香饰周瑜，杨盛春饰赵云。少山、富英、妙香都是铁嗓钢喉，比着卖嗓门，盛春英俊帅气。

在新新，南铁生唱《四郎探母》，压轴《战长沙》（张荣奎饰黄忠，李洪春饰关羽，金少山饰魏延）。谭富英唱《失·空·斩》，派金少山饰演马谡。从金秀山始，他们父子两代一直演司马懿，从未染指过马谡，既然人家派了活，就只能应，不然不合规矩。少山赶快去找刘砚亭讨教，他也聪明，很快学会，台上总算圆满。金少山还和谭富英、张君秋联袂过《二进宫》，那时张君秋还是小字辈，但扮相好，嗓子好，在台上势均力敌，很叫座，此戏大受欢迎。

金少山返京有日，京城的戏迷们都翘首企盼他的《霸王别姬》，要亲眼看看红在申城的金霸王到底是何面目。

这一天终于等到了。

1937年12月24日，西长安街的新新戏院上演一台义务。戏码：王福山、朱桂芳《打瓜园》、李多奎《钓金龟》、李桂云《纺棉花》、奚啸伯和王泉奎《捉放曹》，大轴是坤伶陆素娟与金少山的《霸王别姬》。

戏提调找到金少山说明情况，少山说："陆素娟这个人我在上海就听说过，不过《别姬》不同于老戏，这出她有谱吗？"

"金老板您放心，俩月前，她跟杨老板唱过一次，有谱。"戏提调回答说。

"可我的戏路与杨老板有些不同呀。"少山提出了问题。

"没关系，您自己的戏按您的路子走，两个人的戏按梅先生的路子走。"

"好，就这么定了。"少山回得干脆。

陆素娟到底是何人，有何本事呢？这得从头说起。

那个时期，旦角中，梅尚程荀四大名旦已誉满天下。《北洋画报》独辟蹊径又评选出了个四大坤旦，即雪艳琴、章遏云、新艳秋和金友琴。在四大坤旦的带领下，又出现了一大批坤旦，她们争艳于红氍毹上。陆素娟就是其中的佼佼者。

陆素娟是北京名花，出身于八大胡同，韩家潭西口的环翠阁。她自幼嗜剧，十二岁学唱老生，曾在华乐园串演过《珠帘寨》。后来转青衣，从朱桂芳学梅派。凡遇梅大师演出，便临场观摩。因其冰雪聪明，又加用心，被视为梅派传人。

陆素娟是当时花界的第一红人，结交往来都是达官贵人、富商巨贾。当时有位盐业巨头王绍斋，对她甚为捧场，除每月供应一万两银圆作日常开支外，还特拨了一笔演戏专款银圆八万元，作为基金。这位王先生真是大手笔，彼时一元银圆和一元美金的比值同等。那么或许有人要问，陆小姐唱戏为何要用这么多钱呢？这是因为她除了做行头、置头面、定制桌围椅帔、大帐守旧（底幕）以外，每次露演的配角、场面、衣箱，必须用梅剧团的人。这个派头，能少花得了银子吗？

1932年后，梅兰芳定居上海。1936年秋返京一次，以后又回上海长住。梅剧团的人马，一年去不了一两次上海陪梅演出，余下时间在京赋闲，天长日久也是问题。不是没角儿相邀，但这些人陪伴梅大师已久，自视清高，玩意儿差的角儿给多少钱都不伺候。那么又为什么会傍陆素娟呢？一来这时的陆素娟唱梅派已被公认，可谓"升堂入室"，二来"利其多金，每人每场都拿双份儿，再加上名流的撮合协调"梅团的同仁才正式与陆素娟合作演出。

陆素娟人长得极为漂亮，号称第一美人。她身材"不高不矮，不胖不瘦。一张瓜子脸，两颗大眼睛，剪水重瞳，秋波荡漾。通鼻梁，樱桃口。皮肤之白、细，尤为罕见，那脸蛋儿，堪称吹弹得破。台上古典美，台下现代美"。陆素娟学梅是下了深功夫的，她不但学梅派的骨子老戏，如《御碑亭》、《宝莲灯》、《三娘教子》、《桑园会》、《祭塔》等以外，对梅的本戏如《西施》、《太真外传》、《俊袭人》、《宇宙锋》等也都露演过。

这晚的演出，用的全是梅剧团的原人，姜妙香的虞子期、王少亭的韩信、萧长华的老军等悉数参加。台下的观众简直就拿陆素娟当做了梅兰芳，金少山的掌声反而比她少。很显然，有相当的观众是冲陆素娟的长相来的。

金少山在北京首次露演《霸王别姬》的风头让陆素娟给占了，他倒也没觉得丢人，"听戏的捧旦角何况还是坤旦不稀奇，而且这出戏本来就是给梅先生写的嘛！"金少山真想得开。

金少山不管心情如何，但对演义务戏从不来含糊。在上海时他就参加过一次大型的义务戏，那是1931年6月30日至7月2日，"上海筹募江西赈会邀平津京剧名流假座荣记大舞台演出"，演员有梅兰芳、荀慧生、高庆奎、李吉瑞、言菊朋、金少山、金仲仁、姜妙香、芙蓉草、马富禄、张春彦等。演出剧目为《四郎探母》、《翠屏山》、《霸王别姬》等。1934年12月8日至14日，应"各省筹募旱灾救济会南京分会"之邀，金少山又同梅兰芳、林树森、萧长华、程继先、刘连荣在励志社义演六场，剧目有《霸王别姬》、《三娘教子》、《抗金兵》等。就在北京唱完义务戏的转年，1月20日、

21日在天津,他又参加了冬赈义务戏。时,程砚秋、马连良、金少山各唱双出:程自唱《青霜剑》又与马联袂《宝莲灯》,马还有《甘露寺》,金演《打龙袍》、《断密涧》。

后来,在长安与马连良合演过一场庆助合作戏《摘缨会》。《摘缨会》故事见《东周列国志》第五十一回《诛斗椒绝缨大会》。剧情是:楚庄王平定斗越椒之乱,在渐台设庆功宴,犒赏文武臣将,命爱妃许姬席前敬酒,巡至末座,狂风骤起,吹灭灯烛。一裨将趁机拉扯许姬调戏。许姬急中生智,摘其盔缨,暗告庄王。庄王却命群臣皆摘下盔缨,即称摘缨大会以为酒令,实为掩息戏姬事,隐而不查。后晋楚交兵,庄王败阵落马,裨将唐狡突出救驾,力擒晋将先蔑。庄王斩先蔑加封唐狡。庄王问:"孤王有何恩典与你?"唐狡答:"大王可记摘缨大会之故否?"庄王大悦。

宫廷戏画《绝缨会》

20世纪前期,杨小楼、梅兰芳、余叔岩,被崇为北京京剧界鼎足而立的三个代表人物。1923年,在一次义务戏中,三人联袂演出了《摘缨会》。时,由余叔岩饰楚庄王,杨小楼饰唐狡,梅兰芳饰许姬,钱金福饰先蔑,王长林饰襄老,成为绝唱,一般人则不大敢动。但这次仗马连良、金少山两大头牌之威,戏提调竟派了这一出。由马连良饰楚庄王,金少山饰先蔑,叶盛兰饰唐狡,萧长华饰襄老,李金鸿饰许姬。开场李世芳之《穆柯寨穆天王》,压轴是小翠花、马富禄《小放牛》。

金少山扮先蔑以幕内"领旨"上。有人作现场记:"其扮相之伟岸,信属无俦。脸谱一本老例勾十字门,唯其眉心特别繁缛,虽非项羽之寿字眉,要亦不简。愧愚未谙脸谱之町畦畛域,而少山所勾者较他人为繁则信然也,实可媲美《别姬》。戴大额子盔,簪翎子、蟠狐尾。少山之翎子戏,其翎皆后垂,若山鸡之纤尾,别绕古朴,愈显光额颧头。披蟒扎靠,蟒作黑色,而深淡青绣海水,遂觉黑少青多。一手抱笏,念:'楚国打战表,把本奏当朝'句嗓诚浑穆,然较初来时已有间。"

大展身手义务戏
"霸王"首会陆素娟

## 买地练功松柏庵　七夕反串《天河配》

1938年2月24日（戊寅年正月十五巳时）一代宗师、武生泰斗杨小楼仙逝，他是虎年来（1878年）虎年走，北京的梨园界呈现一片悲泣之声。

杨小楼身后无子，丧事由门婿刘砚芳操办，因杨宗师在梨园内外有极高的声誉，他还是梨园公会的会长，给他出殡，成了一件大事，非常轰动。

是日，不但在京的全体武生、武行都去送殡，就是所有生、旦、净、丑的角儿，管事、场面、衣箱等各方面的稍有头脸的人物全到了。金少山不但自己亲至，还带来松竹社的基本班底，来为他所尊重的泰斗送行。

殡仪十分考究，簇新棺

杨小楼之霸王

轿,六十四人大杠,外孙刘宗杨披麻戴孝,顶丧架灵。刘砚芳花重金请出了已退休的撒纸钱专家"一撮毛",随灵棺沿路扔撒纸钱。往高处扔一把叫"一鸣冲天",往四周撒一把叫"满天星"。看热闹的望着送殡队伍中的名伶们指指点点,这个说:"这个大个子就是金少山。"那个说:"这个大眼睛的是小翠花,长得可够黑的。"送殡的队伍成了梨园界的便装大游行,戏迷们怎么不趋之若鹜呢!

　　金三爷回到家,脱鞋脱袜,躺在床上过足了烟瘾,坐起身来又喝茶闻鼻烟,脑子里想着送殡的事,感慨万千:唉,人生苦短!多么大的人物,半个月前还在吉祥唱封箱戏《康郎山》,怎么说走就走了呢?杨老板活着风光一世,走时轰轰烈烈,我走的时候恐怕就没有他这样的造化了。

　　春风化暖,桃李吐蕊,清明佳节,金少山来到城南的窑台,一来踏青,二要看看杨小楼的墓,三是听说这儿有块空地儿,要瞅一瞅。

　　"窑台"是俗称,位于永定门西边。明清时代,这里位置偏僻,地势低凹,溪流纵横,芦苇丛生。在水塘中心高地上西南方的一座土丘上有一座辽代的寺庙名"慈悲庵",清康熙三十四年工部在庵内盖了三间西厅房,取唐白居易诗中"更待菊黄家酿熟,与君一醉一陶然"的"陶然"二字名"陶然亭"。虽叫"亭",但不是一般的亭式建筑,而老百姓更愿意称其为"窑台"。

　　时光荏苒,几度变迁,慈悲庵不复存在,后人又在旧地盖了一座尼姑庵,名曰"松柏庵"。后,尼去庵空,一片荒凉,此地就逐渐成了埋葬穷苦艺人的坟地,号称梨园义地。松柏庵四周净是黄土地,演员们便在这地儿练功。

　　杨小楼非穷苦之辈,生前曾有遗言,将来葬在京西莲花山。因小楼一生笃信道学,生前每年必往莲花山进香一次,每演戏出台前,必于帘内向西南合十默祷。小楼在莲花山已采妥墓地,不意故

买地练功松柏庵　七夕反串《天河配》

后，当地极不靖，家人深恐被盗，遂暂借梨园义地入土为安。

金少山来到杨小楼的墓前凝神伫立，深鞠一躬，心中默念：杨老板我看您来了。随后信步走到一个不大的茶馆。茶馆掌柜姓王名博，买卖就叫"王博茶馆"，叫俗了就成了"王八茶馆"了。

王博一看金少山来了，便面带笑容迈着小碎步迎上前去："吆，金老板来了，快请坐。我这儿有新上的碧螺春，您来一壶？"

王博真不愧是买卖人，他这一招呼，金老板还真得来壶碧螺春了。"好好好，上。"少山连忙答应。

众茶客一见是金少山，立马围拢上来，七嘴八舌，说什么的都有。王博端上茶，"金老板请慢用。"说着给满上一碗。

少山呷了一口，"嗯，不错。诸位都好？"

一位戏迷说："金老板，看了您的窦尔墩，唱得真解渴，什么时候再贴《霸王别姬》呀？上次在新新，我没看着。"

"蒙您抬爱，快了，您赊等吧。"少山如此回道。

"金老板，听说您在上海养过一只老虎，是真的吗？"另一戏迷问。

"喔，这事你们也知道？"少山笑了笑。

一个武行走过来问："金老板，您今儿来这里有事吧？"

少山回答："是有点事，我想在这儿买块地，给大伙儿练功用。"

"好啊，您金老板想着大伙儿练功，真仗义。王掌柜快过来！"

武行把王博叫到少山跟前。王博一听金少山想买地，连连满口应承："金老板您看这块地全是黄土，又很平整，您想要，那还有得说吗！"

"好，我买了。"

立字画押，三下五除二。

"王掌柜我回家就叫人来送钱，打明儿起，大伙儿就来练功吧。"

回到家，少山给几位至交打了电话，约他们明天到窑台的王博茶馆喝茶练功。

翌日清晨，少山一改往日作息规律，带着一行人来到了松柏庵的练功场。他们挂好鸟笼，沏好茶，开始活动练功。不一会儿来了好多人，有梨园行的尚和玉、范宝亭、孙毓堃、宋德珠等，还有早起遛弯儿赶上看热闹的。

少山先踢腿，后打"飞脚"，拧"旋子"。

尚和玉等也活动活动开始练了起来。

约一个半钟头后，他们休息，喝茶。

"三弟，都成了角儿，这功还没撂下。"与杨小楼齐名的武生大家尚和玉说。

"谁不知道，干咱这行的'一天不练自己知道，两天不练同行知道，三天不练观众就知道'了，我呀，别在台上找寒碜。"

唱武二花的范宝亭接过话头，说："少山说的是这个理呀，台上三秒钟，台下三年功。一天不练手脚慢，两天不练丢一半，三天不练门外汉，四天不练瞪眼看呀。"

一连几天，来的人越来越多。这一天练的时间有点长，天近中午，忽听有人大喊"打起来啦，打起来啦"！

大家寻声去看，原来是富连成盛字科的三个演员叶盛章、李盛斌、高盛麟和一个日本鬼子兵动了手。这三位都是武戏哥们儿，一个唱武丑，两个唱武生，一个小鬼子哪里是他们的对手，早被打翻在地，动弹不得了。大家围上来问是怎么回事，唱武丑的叶盛章向大伙儿讲述了事情的缘由："老少爷儿们听我说，我们哥仨来这儿遛弯儿，远远听到一女子大喊救命，我们跑过去一看，原来是这个小鬼子在耍流氓，调戏一个女学生，我们都是中国人，怎能受这欺负，所以就教训了他一顿。"叶盛章不愧是"开口跳"，说话也同台上念词一样清脆利索。大家一听，原来是这样，尚和玉上前说："爷们儿，这小鬼子不会善罢甘休，出去躲躲吧。"少山也说："好汉不吃眼前亏，躲过风头再回来。"这哥仨便一口气跑到了天津，在叶盛章的一个亲戚家躲了七天，才返回北京。

转眼"七夕"快到了，梨园行惯例要唱"节令戏"。"节令戏"缘自清宫的月令承应戏。宫中的月令承应就是依据每个月里的节

叶盛章之时迁

日、节气一类活动所编演的剧目，每逢初一、十五各演戏一天，端午节、中秋节、七夕节各演戏三天，新年自除夕演戏到十六止。其实，从元旦至除夕不但月月有，而且节节都有。

元旦戏有《文氏家庆》、《喜朝五位》、《椒柏屠苏》、《放生古俗》、《五位迎年》、《贺节诙谐》、《太平春宴》、《寿山福海》、《七鏊献岁》、《喜溢寰中》、《岁发四时》等；

上元节戏有《悬灯预庆》、《捧爵娱亲》、《景星协庆》、《灯月交辉》、《御苑献瑞》、《紫姑占福》、《万花向荣》、《福喜攸同》、《东皇布令》、《敛福锡民》等；

上元后（正月十六日）戏有《海不扬波》、《太平王会》；

燕九（正月十九日）戏有《洞宾下凡》、《太平胜事》、《鹤驾翩跹》、《群仙赴会》、《圣母巡行》、《齐赴白云》等；

立春戏有《早春朝贺》、《春朝岁旦》、《对雪题诗》等；

花朝（二月十五）戏有《万卉呈祥》、《百花献寿》、《千春燕喜》等；

寒食节戏有《追叙绵山》、《高怀沂水》、《芳节行吟》等；

浴佛节（四月初八）戏有《六祖讲经》、《佛化金身》、《长沙求子》、《光开宝座》等；

端阳节戏有《阐道除邪》、《灵符济世》、《祛邪应节》、《混元盒》、《采药降魔》、《奉敕除妖》、《正则成仙》、《渔家言乐》等；

七夕戏有《七襄报章》、《仕女乞巧》、《银河鹊渡》、《双星佳会》等；

中元（七月十五日）戏有《佛旨度魔》、《魔王答佛》、《迓福迎祥》等；

中秋戏有《广寒法曲》、《天街踏月》、《霓裳献舞》、《会蟾宫》、《丹桂飘香》、《憨儒拾桂》、《祥云捧月》、《天香庆节》等；

重阳节戏有《众美飞霞》、《九华品菊》、《江舟送酒》、《东篱啸傲》、《登高揽胜》等；

冬至戏有《金仙奏乐》、《玉女献盆》、《太仆陈仪》、《瀛洲佳话》、《彩线添长》、《金吾勘箭》等；

腊日（腊月初八）戏有《孤山送腊》、《箫寺寻僧》、《仙翁放鹤》、《洛阳赠丹》等；

祀灶戏有《灶神显佑》、《太和报最》、《东厨赐福》、《蒙正祭灶》、《司命锡禧》等；

除夕戏有《彩炬祈年》、《藏钩家庆》、《金庭奏事》、《锡福通明》、《如愿迎新》、《吉曜承欢》、《贾岛祭诗》、《德门欢谦》、《善门集庆》、《南山归妹》、《瞎子拜年》、《傻子拜年》、《开筵称庆》、《瑞应三星》、《宣扬文德》、《升平除岁》等。

这种规矩传入民间，就只剩下端午、七夕、中秋这几个节令戏

梨园豪杰『金霸王』

戏画《五毒传》

了。

所以端午唱《混元盒》，七夕唱《天河配》，中秋唱《天香庆节》就成了梨园行的惯例了。

《混元盒》共有十场戏，内容为：贫妇邵氏及子福儿靠卖豆度日，而乡邻褚自选虽广有家财，奈何其子不务正业，吃喝嫖赌无所不为。一日，壁虎精奉金花娘娘差遣截战张天师，路遇福儿，乃变成一个童儿骗得福儿住处后将他吃掉，又变成福儿模样去到他家祸害。黑狐狸（黑狐仙姑）、蝎子（琵琶仙姑）、蜘蛛（乌云仙姑）也同受金花娘娘法令去截战张天师。三妖路遇高兴而至的蛤蟆精

（赖圆大仙），问其因何兴奋，蛤蟆精道：他在通州吃了开羊肉店的老板后又变成他的模样，去到他家与他妻子无限欢爱。正说话间，壁虎来到，遂向四妖叙说变成福儿之事。五妖海誓山盟，结拜金兰。蜘蛛听罢蛤蟆精的话后不禁春心荡漾，欲借阳补阴。此时，褚子正在山中打猎，蜘蛛乃变成一落难女子上前勾引。褚子上当，遂将蜘蛛带回家中藏在后花园内，自己去置办酒席准备成亲。褚自选偶进花园，见"落难女子"貌美，问明情由，欲先下手为强，留做己妻。蜘蛛应允，遂变换一人与褚自选入帐。褚子拿来酒菜，蜘蛛又变换一人与其入帐。父子帐中相遇，争执起来。实际是老爸抱了块石头，儿子抱了块木头，方知中了邪，乃喊人打妖怪。天师张捷奉旨进京路过津门。多宝道人率领金光仙、虬首仙、银牙仙、定光仙、武当子、金灵子等在空洞山桃园洞外摆下混元一气阵，等待广成子来打阵。广成子带了翻天印，又约请了几位高真道友前来破阵。雷震子、杨任、哪吒各奉师命也来助师叔广成子打阵。

买地练功松柏庵  
七夕反串《天河配》

《天河配》的故事家喻户晓，是牛郎与织女的爱情故事：

商人张守仁与弟守义同居，张妻嘎氏挑唆分居，其弟守义（牛郎）只分得老牛一头。而老牛乃天上金牛星下界，教牛郎往天河，窃取天孙织女衣裳，与之成婚，男耕女织，成家立业，生子女各一个。数年后王母娘娘召织女返回天宫，牛郎携子追赶，被天河所阻，王母允许二人每年七夕相会，届期百鸟搭成鹊桥，使二人叙别。

《天香庆节》的故事比较曲折，内容为：太阳、太阴二星于中秋节大会众星。太阴因月中丹桂人间无种，乃商请太阳命玉兔幻化女身偕宋无忌到人间传种。金乌素日心羡玉兔，暗随下界。玉兔来到人间见"富贵繁华、弦歌欢宴、夫唱妇随的光景好不动人羡慕"，因此不欲返回天宫，乃诈病与宋无忌分手，占据天池洞中修炼。金乌为讨玉兔的欢心，乃大摆筵宴邀玉兔至，执意求婚。玉兔不允，金乌强逼,玉兔逃归。金乌又请赤兔为媒,同至天池赔礼。赤兔亦爱玉兔,乃诓金乌寻找宝物作聘礼,金乌去,赤兔向玉兔求婚,玉兔允。暹罗国国王一行来"诣中华、瞻天仰圣",巧捉巨蚌喜获一特大夜明珠,因此要"献上天家,以显诚敬之心"。金乌至,盗得夜明珠而归,正值玉兔、赤兔成婚。赤兔巧舌如簧,假托玉兔索看聘礼,假意允婚,定三日后迎娶。金乌心疑,隐形入洞,识破其计,幻化赤兔及大黑熊大闹洞房,玉兔率众与其斗,金乌败走,又引群鸟夹攻。玉兔、赤兔用计脱身,携夜明珠投缅甸国王,奉上夜明珠以求庇护。暹罗国王路过缅甸,两王相会,暹罗王称有宝珠请缅王观赏,待打开宝盒,夜明珠不翼而飞。缅甸王反让观己之珠,暹罗见之疑是缅甸王盗己之物,遂反目,两家大动干戈,暹罗王败北。宋无忌到处寻找玉兔,遇见金乌,金乌带宋去寻玉兔,遇败北的暹罗国王,知玉兔必在缅甸国,于是同去战缅甸王。一番大战,宋无忌擒获玉兔,欲押回月宫;金乌不允,非要成亲。宋无忌不允,与金乌交战,不敌,逃回天宫。金乌欲与玉兔和鸾,暹罗国王借张罗之名从中打混。玉兔用分身术骗金乌,反被来抢"妻"的赤兔将假玉兔背走。宋无忌请太阳、太阴星君至,乘两国交战时,将玉兔、金乌收服,并让两国和解。

正演《天河配》最受欢迎的是梅兰芳,1919年"七夕"(农历七月初七)在新明大戏院上演此佳剧,当晚除梅大王饰织女,其他角色的安排亦相当硬整,如高庆奎之张守仁、姜妙香之张守义、李敬山之嘎氏、李连仲之金牛星、扎金奎之玉皇大帝、赵芝香之玉帝之后、罗福山之瑶池金母,八个仙女也非等闲之辈,计有刘凤林(万盏灯)、孙砚亭(小凤凰)、诸茹香、王丽卿、朱桂芳、姚玉芙、赵桐珊(芙蓉草)、程砚秋等。而今年的"七夕",松竹社的《天河配》要唱反串。

反串戏本别具风格的一种演戏形式,不能说是正规,早先每年封台时，或一露演，既可调剂观众兴趣，亦可使各角色露一露特别能力。"反串"是指演员饰演原行当以外的角色。这种方式多选一些人物多的剧目，可以联合的角儿多，如《八蜡庙》、《龙凤呈祥》等。一次武净宗师钱金福反串《双摇会》中的大奶奶，学花旦表演一丝不苟，"其细腻处完全宗法田桂凤，无论台下若何哗笑，彼绝不动容，完完全全，一丝不遗，将这一出戏交待完了，才算终局"。最著名的一次反串戏是崇林社1921年2月2日的《八蜡庙》，戏中杨小楼反串张桂芳，梅兰芳反串黄天霸，余叔岩反串费德功，郝寿臣反串小张妈。自此以后，小张妈一角，皆由唱花脸的反串，松竹社的《八蜡庙》，小张妈一角非金少山莫属。

宋德珠之织女

七夕反串《天河配》　买地练功松柏庵

小张妈属花旦行，少山演的小张妈一切念、做、表都遵循花旦的规范，小张妈一出场要念一段〔数板〕：

家住京东县三河，连年荒旱难生活。

嫁了个丈夫是懒汉，整天赌钱要酒喝。

我这才撇下孩子把城进，到费府当了老妈儿来做活。

费大爷看上了我，一天给我八十八块八毛多。

里里外外全靠我，越忙越干越快活，越快活！

念完这段〔数板〕少山学花旦的表演，冲台下做了个飞眼的动作，观众一下就炸了窝。落座后有一段独白：

我，张妈儿，是这费府里里外外、上上下下、总葫芦库的这么一个小老妈儿。今儿个我们费大爷从庙会又抢来一个小女子,叫我劝劝她。有啦,我把她搀出来,跟她聊聊,好好地劝全她!"

念完这段词,在〔小开门〕伴奏中,少山掖手捐,迈着花旦步,一扭一扭地下场去搀张桂兰。那个步法、神态恰到好处,台下又是一阵掌声。

松竹社的《天河配》由金少山反串织女,他的干女儿吴素秋反串牛郎。《天河配》共有十场,重点是"莲池沐浴"、"天孙织锦"、"鹊桥相会"。金少山反串的高大魁梧的织女,与吴素秋反串的娇小玲珑的牛郎视觉形成反差,往台上一站,自然有喜剧效果。特别是"莲池沐浴"一场,金氏织女着大红兜肚,穿红袜子红鞋,这样的风流体态怎能让人忘怀,真是出足了噱头。

吴素秋乃山东烟台人,自幼聪慧,七岁开始学京戏,启蒙老师是出科于富连成大盛字辈的赵盛璧,以武生戏《白水滩》、《石秀探庄》开蒙。赵盛璧先生看她长得眉清目秀,身体单薄,更适合学旦行,于是把她推荐给了师弟陈盛荪,改学旦行。小小的吴素秋十分机灵,只用两个月就学会《贺后骂殿》在哈尔飞剧场粉墨登台了。九岁考入中华戏曲专科学校,排在玉字辈,学名吴玉蕴。她被作为重点培养的学生,向魏莲芳学了《霸王别姬》,向芙蓉草(赵桐珊)学了全本《十三妹》,向小翠花(于连泉)学了《梅玉配》等戏,后因故退学。十三岁,其母给她组班秋文社,以吴素秋之名挑班唱戏。时,她的班中多是刚从富连成小盛字毕业的学生,像老生胡盛岩、贯盛习,武生高盛麟,小生叶盛兰,花脸裘盛戎、袁世海,老旦何盛清,小花脸孙盛武、贯盛吉这些"科里红"的人才都来搭她的班。

1936年,十四岁的吴素秋拜四大名旦之一的尚小云为师,尚师亲授了《十三妹》、《御碑亭》、《汾河湾》等戏。在学习过程中感觉自己的艺术取向与尚师的艺术风格不尽相同,其母建议拜荀慧生为更合适，并专去登门拜访。荀慧生对素秋之母说："她既然拜了尚先生，就不要再拜我了，但她要学什么戏我一定尽力教。"并将其认做义女，传授了许多本门戏。此后，吴素秋大多演荀派戏为主。

金少山回北京后，吴素秋的母亲就托人和少山联系，希望女儿能和松竹社合作。金老板看素秋是个人才，不但答应合作，还将她认做了干女儿。

金少山与吴素秋《天河配》的海报一贴出去，便引起了观众的兴趣，都想看看这个高大的"织女"与这个小巧的"牛郎"是怎样鹊桥相会，剧场满坑满谷。戏开始，剧场内分不清哪是笑声哪是掌声，这个噱头，真赚足了观众的眼球。

从营业的角度看，这不啻是个上上策。

《打樱桃》吴素秋、张金梁

## 夜半交谈出火花　增益首尾《钟馗传》

翁偶虹成为金府的座上客，三天不登门就会相互思念。

金三爷的生活是以夜为昼，每晚九时起床，十一点才吃"早饭"。吃饭时一个人独坐在迎门的八仙桌旁，面前卧着蒙古狗"傻黄"，一大碗带骨头的红烧肉，他吃一口肉，喂"傻黄"一块骨头。他的另一条爱犬京巴"黑炭"看到"傻黄"啃骨头，从不去争食。三爷吃过早饭，厨役收拾碗箸之后，端上一盘子白煮肝，这时三爷躺在床上抽烟，他抽一口烟，撕一块白肝喂"黑炭"，不一会儿，主人烟足爱犬腹果。

翁偶虹掐好点，就在三爷吃饱烟足时进门。

一日，两人高谈阔论，少山讲到自己在上海与麒麟童排演连台本戏《狸猫换太子》时的经验，翁偶虹心领神会，意识到少山有排新戏的欲望。当时吴素秋正在上演翁偶虹编排的《比翼舌》，特请少山看后提意见，三爷对偶虹提出了自己的见解，偶虹从少山的意见中看出他是个能排新戏的行家里手。

少山对偶虹说起了他学昆戏的情况，他说："《嫁妹》、《火判》、《功宴》、《芦花荡》这几出昆戏我都有，《嫁妹》是师爷一招一式给拉出来的，我是真下了功夫。可惜在北平、上海都没唱过。"

"您现在何不露一露？"偶虹借机提议说。

"昆戏本来就皮儿厚。这出戏又是孤零零的一个折头，听戏的听不明白钟馗为什么要把妹子嫁给杜平，钟馗又是怎么样由人变鬼，而鬼又多事。光看那些身段，还不如看《青石山斩狐》，光听那套〔粉蝶儿〕，还不如听《单刀会》的〔新水令〕，费力不讨好，犯不上劳人动马，说戏排戏。要演，就演出个名堂来！"

翁偶虹真不愧是笥腹渊博的老夫子，便把《嫁妹》的出处、故事原委仔仔细细给少山讲了一遍。偶虹说：《嫁妹》源于《天下乐》传奇。这是清代张大复的名曲，全本剧情曲折，是一出神话味浓厚的人情戏。钟馗得其妹未婚夫杜平的资助，赴京应试，半路之上，见众僧超度亡魂，他以僧人惑众骗人为由，捣毁道场，殴打了和尚。住持夜诉地藏王，地藏王为惩治钟馗，引他误入鬼窟，受到十鬼纠缠，身患疾病，容貌变丑。所谓"五厉鬼夺其福，五厉鬼夺其寿"，也就是民间传说中"五鬼闹判"的来源。钟馗应试夺魁，高中状元，不想金殿面君，因貌丑而被黜。他愤愤不平，碰死于后宰门前。钟馗死后诉冤于昊天玉帝。玉帝念他为人正直，又是被鬼纠缠而遭不幸，怜其冤而封他为除邪斩祟将军，统管天下恶鬼。此时的杜平，亦将钟馗相貌变丑的冤情在皇帝面前申明，皇帝又追封钟馗为终南山进士，状元及第。钟馗深感杜平之义，履行生前诺言，排列了笙箫鼓乐，把未合卺的小妹送嫁到杜府。后，杜平晋爵为五路财帛总管，和他的四位盟兄弟同被玉帝封为五路财神。钟馗又前去祝贺，舞笏戏蝠，意为"福自天来"。所以南昆演此，又名《财神记》，是一出神话意味浓厚的人情戏兼吉祥灯彩戏。

金三爷听完翁偶虹"倒瓢子"，拍手称快，连说"好戏，好戏！"转而对偶虹讲："这么好的材料，您怎么不编个全部的《钟馗传》？也叫我多置二亩地！"

"只要您演，我就编。"偶虹快人快语。

金三爷从鼻烟壶里给偶虹添了些鼻烟，"咱哥俩儿一言为定！是不是立个军令状？"

"如此，言重了。"偶虹用一句戏词作了回答。

二人聊罢一拍即合，决定排一出花脸新戏《钟馗传》。

翁偶虹没有食言，只用一周时间就写出了《钟馗传》的剧本，润色之后，复写两份，金三爷一见剧本，顾不得抽烟，便盘腿坐在床上，目不转睛地看了起来。

金少山一口气看完剧本，向翁偶虹抱拳道："翁先生，您真是言而有信。我只顾看本子，忘了给您道谢。"说罢下地，"我们唱戏的没有别的，诚心诚意地请受我一礼。"抱起双拳，一躬到地。

偶虹急忙还礼，同样一躬到地。

金少山挽住翁偶虹的手说："咱哥俩儿交情长哩！甭客气！从今天起，我就钻本子，还得请您帮忙研究。我每礼拜接您来家三天，吊完嗓子，人清静了，咱们细谈。"

三天后，少山的包月车夫接来了翁偶虹，琴师赵桂元看了看表，取出胡琴，定了定弦。金三爷从抽屉里取出一块檀木板，架在手上，说："明儿个是《长亭》，咱们绷两句。"

赵桂元开了〔二黄散板〕的过门，三爷吊了《长亭》中李七的两段：

他一家被我害夫离妻在，
铁石人不落泪也要悲哀。
眼见得王门中绝了后代，
学一个大丈夫把手高抬。


咱李七并非是虚言一派，
你在那黉门中枉为秀才！
我看你夫妻是少年恩爱，
走花街宿娼院你的伦理不该。
打断了野花心完全宿债。
昨夜晚一梦未曾解开。

吊完两段〔散板〕少山呷了口茶，赵桂元又起了过门，三爷说:"今儿早点收,我和翁先生聊聊。"琴师走后,少山又从《嫁妹》引出了话头:"我当年学这出《嫁妹》可不容易,我们老爷子请师爷传授这出,师爷点了点头,可不给我开曲子,先叫我学一出《斩五毒》。"

偶虹插话:"这也是一出'判儿戏'?"

"可不是嘛,净是身段,不张嘴。师爷爷每年五月初一到初五,准演五天开场。钟馗就是《嫁妹》的扮相,手里可拿着剑,分斩五毒。五毒不穿'形儿'(即鸟兽套子),由武行分扮小妖,勾五毒脸谱,也分五行,蜈蚣归武花,蝎虎子归武生,蛇精归武旦,蝎子归武丑,蛤蟆归筋斗。钟馗每斩一毒,身段剑法各不相同。只用走马锣鼓加抽头,没有一句曲子。师爷先教我这出《斩五毒》,为的是叫我把'扎膀子'的功夫练瓷实了。"偶虹知道"扎膀子"是花脸行中的一个特殊扮相,膀子要扎,胸脯要楦,屁股要垫,浑身上下都变了形,抬手动脚,另走一门,没有真功夫不行。

三爷深有所感地又说:"不只没功夫不行,功夫不化在生活里也不行。学会这出《斩五毒》,再学《嫁妹》,身上化了,才能顾上嘴里的曲子。那年月,听《嫁妹》不但要看身段,还要听你唱的曲子是不是满宫满调,北曲正音。另外,还要看你的神气、做派。师爷爷说,他当年也是先学了《斩五毒》,才学的《嫁妹》。所以现在还留有一张照片:钟馗的扮相,一手握剑,一脚蹬椅。都说是《嫁妹》的剧照,其实《嫁妹》的钟馗根本不挎剑,怎么能有亮剑的势子?当然不是《嫁妹》。师爷爷晚年已不再演这出了,我学了,只是练功,也从没演过。早绝迹了,难怪没人认识这一出戏是《斩五毒》了。"

少山说着,在箱子里翻找一些相片,从中取出两张来。一张是钟馗握剑蹬椅的《斩五毒》,另一张是五鬼一馗的《嫁妹》合影。"这张《嫁妹》是师爷爷中年时照的,眼睛上不戴核桃壳子,单凭

何桂山《斩五毒》剧照

气功就能奴出眼珠子来,多么威武!这五个演小鬼的只认得两个,扮大鬼的是扫边花脸郝大个儿,扮驴夫鬼的是当时的第一武丑麻德子。"

从这晚以后,金少山的兴趣倾注于钟馗,到古玩店买来不少带有钟馗形象的艺术品,或画页,或雕塑,还有鼻烟壶,每日琢磨这些形态不一的钟馗像。看得出,他已经进入了创作状态。

金三爷与偶虹先生进入了研究剧本的阶段,第一个问题是钟馗的脸谱。钟馗是因为改变面容而变形的,那么脸谱就不能始终如一地勾《嫁妹》的谱式。"五鬼闹判"之前,钟馗按常人扮,不扎膀子,不楦胸脯,不垫屁股,是文皮武骨,还要有书卷气。"五鬼闹判"后,钟馗因病而变形,用《嫁妹》的扮相才合适。偶虹认为:为给勾脸赶场,要加垫场戏,否则时间不够。三爷说:"这样好,有两场垫头,足够我赶场的工夫。您知道,我赶场是常事,这也是练出来的。"

偶虹说:"早就听说您在赶场时有故事,不妨露几句。"

三爷一笑,"好,就跟你说一件吧。在上海,有一天陪我那盟兄高庆奎唱《斩子》,我进门晚了,场上为我垫了个杨宗保的小吊场,后台的人都围着我,看我怎么'赶脸儿'。我一不慌二不忙,先不勾脸而先勒头,穿胖袄、换彩裤、蹬厚底儿,接着就扎靠、挎刀,戴扎巾盔,挂髯口,尽管'马前',场面起〔发点〕〔急急风〕,该焦赞、孟良'站门儿'了。管事的说:'难道你这个焦赞净脸上？我也不吭声，叫跟包的拿过锅烟子来，抓了一把，往脸上一揉，把眼窝、眉子、鼻窝的部位重重地抹了几下，迎着锣鼓上场'站门儿'，台下还给来了个碰头好儿。等到把太君搀上来，〔四击头〕掩门，学念'不肖'，都交待过去，该六郎与太君对唱，没焦赞的事了，我才掉过头去，跟包的给我举着镜子，我用白笔黑笔在揉黑的脸上把焦赞的谱式勾画整齐，找个节骨眼，不搅老生、老旦，才掉过脸来，台下看我变了相儿，又给我喊了个好。您想，这段对唱也没几分钟，我就把焦赞的脸儿画齐了，何况在后台改画钟馗就更款式了。"

偶虹称赞说："您的能耐太大啦！那么'五鬼闹判'之前，脸上怎样扮呢？"

三爷说："我早就想好了，先用干红揉脸，画细眼窝、细眉子、窄鼻窝。'五鬼闹判'后，在干红上画白填黑，勾出夻纹，再用油红填实了脑门儿，不就是《嫁妹》的谱式吗？"

随后金、翁二人又把钟馗的穿、戴研究了一番，直至请什么人来做都做了安排。最后少山对剧本提出一个要求，"加上钟馗的妈，多一个老旦的活，请李多奎来演，在'别家'那场对唱两段，我们俩也可啃啃。"

翁偶虹说："行，'五鬼闹判'后再写一场'钟母望子'，给李多奎写一段〔二黄〕的'导、碰、原'，您看如何？"

"好，就这么定了。可是钟馗碰死后，有一场见阎王的戏，阎王都是花脸的活，两个花脸同场，太像《铡判官》了，不新鲜了。"三爷想得真细致。

"不妨，这个阎王我是按丑行写的，您看让马富禄来演怎么样？"

"哎呀，还是翁先生，亏您想得出！马三爷有嗓，能唱会表演，新鲜，准行。不过，小花脸扮阎王爷，人家不会说咱是造魔吧？"

偶虹说:"咱们有根有据。梆子的《胡迪骂阎》,传统就是丑行扮的,可是归花脸演。早年元元红唱胡迪,冯黑灯配演阎王。近年果子红唱胡迪,狮子黑配演阎王。扮相都是勾半截水白脸,笑眼笑眉,不挂髯口,在嘴巴上画出向上翘起的小胡子,白蓬头,倒戴乌纱帽,穿妃色女蟒,肩头斜背玉带,拿牙笏,光脚穿靴子。最后胡迪把他骂急了,跺三脚,抬腿扔靴,露出赤脚,扛靴单腿走辗步,诙谐可笑,为全剧增色不少。我想,马三爷来这个活儿,有相能使,有嗓能唱,使观众换换胃口。就怕马三爷不走这个路子,因为我是外行啊。"

金三爷听完偶虹一番话,哈哈一笑,说:"您又客气,您是外行?谁是内行?当年我们老爷子是翠峰庵票友出身,能说他是外行吗?咱们这行,向理不向人,只要您说得对,不用说马三爷,我金三爷也得听您的!"

于是二人从马富禄起,商定角色:李多奎的钟母,姜妙香扮杜平,张蝶芬扮钟妹,扎金奎扮老和尚,杨春龙扮大鬼,高德仲扮驴夫鬼。分配完毕,孙焕如通知管事韩金福约期撒"单头"(即各角色的单人词)。

看来,一出《钟馗传》就要呼之欲出了。

## 父女携手闯关东　共享美誉天津卫

正当《钟馗传》要上马之时，天津中国大戏院又来邀金少山赴津演出。这已是金少山挑班后第三次到天津卫了。第一次是1938年1月20日、21日去参加"冬赈"的义务戏，戏码是程砚秋、马连良的《宝莲灯》，程砚秋的《青霜剑》，马连良的《甘露寺》，金少山与李多奎的《打龙袍》和金少山与贯大元的《断密涧》。第二次是1940年11月13日应北洋戏院之邀，连演三天：《天水关》、《龙虎斗》、《断密涧》。这第三次是中国大戏院的前台经理李华亭先给少山打电话邀请松竹社赴津，少山想了一想，提议说："为了加强阵容，我要约吴素秋和奚啸伯一同去，你看怎么样？"李华亭说："好，好，好。就这么定了。"

金三爷为什么要约吴素秋和奚啸伯同赴天津卫呢？这要从头说起。

1938年，松竹社受大连、哈尔滨、新京（长春）、奉天（沈阳）等地的剧院之邀去巡演，旦角用的就是已经大红的吴素秋。此时吴素秋已拜金少山为义父，父女携手同闯东三省。时年五月，与金少山同行的松竹社成员有武生行周瑞安、老生贯大元、老旦李多奎等并吴素秋出北京经天津乘船到大连，驻足宏济大舞台，经理李香阁热情有加，食、宿安排十分周到。松竹社到来之前，言菊朋、张云溪正在此巡演，因此二团并一合作演出。最受欢迎的剧目是张云溪的《四杰村》、言菊朋的《捉放曹》、金少山与李多奎的《打龙袍》、金少山与周瑞安的《连环套》和金少山与吴素秋的《霸王别姬》。

在大连演出约一个月,松竹社于6月17日来到了东北行的第二个码头哈尔滨,戏班驻足华乐舞台。此时哈尔滨正是避暑的好季节,游客与本地戏迷争相看"金霸王",剧场营业甚佳。吴素秋上演了《棒打薄情郎》、《霍小玉》、《十三妹》,金老板露演了《坐寨盗马》、《草桥关》,但观众最爱看的还是父女联袂的《霸王别姬》。金少山身体伟岸,吴素秋娇小玲珑,故有评论曰:"大霸王小虞姬满台生辉!"

在冰城,金三爷十分惬意,一改昼伏夜出的习惯,竟在白天游览了松花江,瞻望了索菲亚教堂。

一天清晨,他信步来到剧场,听到有练功的声音,他寻声走了进去,看到李兰亭在给两个徒弟说戏。

李兰亭比少山年长一岁,是个了不起的武生。他幼年爱好武术,八岁遇一流动戏班,遂跟班学艺。由于他幼功好,又肯下功夫,很快崭露头角。后在天津得拜武生名家薛凤池为师,技艺大进。民国初年到杭州演出,又拜在南方著名武行头刘全瑞的名下。因刘全瑞长期担任李春来的管事,所以李兰亭从他学艺后,在表演风格上,宗法李春来,演技以勇猛剽悍见称,善用高难武功技巧,他还把武术、气功运用于武打,创编过许多把子、下场的套路。他能戏甚多,如《挑华车》、《赚历城》、《战冀州》、《界牌关》、《杀四门》、《金钱豹》、《狮子楼》、《蜈蚣岭》、《武文华》、《乾坤圈》、《铁公鸡》等全是些吃功的戏。他翻的跟斗有绝活,翻"跺子漫子"高能过两张半(两张摞在一起的桌子上再加一把椅子),他以武生挑大梁,在东三省红得很。

李兰亭一见是少山,马上打招呼:"三弟,怎么不睡觉,这不是'乾坤'颠倒了么?"

"呵!都知道我的习惯,今儿是乾坤正转。"少山乐呵呵地问:

"大哥,给徒弟们说什么戏哪?"

"给大的(梁慧超)说《林冲夜奔》,给二的(郭景春)说《八大锤》。"

少山看了梁慧超拉的《夜奔》后说:"不错。看来能有出息。我说大哥啊,今儿中午我请客,咱们去马迭尔餐厅,尝尝西餐。"

"那玩意儿有啥可吃的,能赶上东北的乱炖?"

"到了餐厅你就知道了。"

少山等李兰亭给徒弟们收了功,便雇了一辆马车,来到了马迭尔餐厅。

马迭尔餐厅就在松花江畔的南面,是座路易十四风格的三层建筑。最早是一位名叫约瑟·开斯的俄籍犹太人建的。

1901年,中东铁路临时通车后,随着欧亚经济、文化的交流,约瑟·开斯来到了哈尔滨,起初,他开了一个修理钟表的小店,后又经营珠宝银器,获利颇丰。他以犹太人的精明和眼光,认定哈尔滨必定成为东方的大都市,所以筹集资金于1906年建起了这个远东最豪华的酒店。

招待把他俩让进餐厅,找了座位。

"大哥,这吃西餐和吃咱们中国饭可不一样。"

"都是吃,有啥不一样?"

"咱们是先吃菜,后喝汤,西餐是先喝汤,后吃菜。招待,点菜。"

少山要了鹅肝酱、奶油鸡酥盒、红菜汤、奶汁鲑鱼、大虾沙拉、罐牛肉、牛排、酸黄瓜,主食是黑面包,最后要布丁。

李兰亭看着刀叉不知怎么用,少山连忙教他,"要右手拿刀,左手拿叉。"边说边比画。李兰亭哈哈大笑,"敢情要这样。"

哥俩儿边吃边聊。少山问:"您这出《夜奔》是在上海学的吧?"

"是在上海跟牛松山学的。"李兰亭回话,"和后来杨(小楼)老板有些地方处理不太一样,尽管都是牛先生教的。"

"您说戏中林冲唱的〔新水令〕中有句词'五陵年少'是指什么?"

"哎吆,我光会唱,不懂词的内容。"

"还有〔收江南〕中'数声残角断渔樵'这又怎么讲?"

"三弟,咱们这辈子就吃亏在没念过书,让下一辈的人得好好念呀!"

"对,得让晚辈们去念书,看人家翁先生,真有学问,让人羡慕哇。"

"大哥,想当年,您翻'跺子漫子'过'两张半'的诀窍在哪里?"

"也没什么诀窍,就是翻跟头一定要把握范儿,翻'跺子'时插手与脚落地要在一条线上,'漫子'翻头的时候胸脯上拔,这样跟头才会翻得高。"

"徒弟们中有这样的吗?"

"眼前还没有,培养个好徒弟也不是件容易的事。"

一顿美食后,哥俩儿又溜达到了松花江边。

冰城演出期满,松竹社又于7月到了新京(长春)。

新京大戏院经理周幼宸,原是唱老生的,对演员有感情,对北京来的角儿满怀崇敬,接风宴十分丰盛,尽上山珍佳肴。财东侯春华侯八爷在酒宴上对少山说:"金老板,终于把您给盼来啦!您可要多留几天呀,怎么也不能比哈尔滨少呀,您说是不是?"

"只要营业好,又不耽误奉天的日期,没问题。"金三爷的回答很有分寸。

新京的合约期满,松竹社移师奉天。

奉天中央大舞台经理刘永亮接站。时,奉天有三个唱京戏的园子,中央大舞台最大,剧场内设一千四百个座,主要是接全国各地的名角儿,演传统剧目。另外两个剧场平时演连台本戏,其一是南市场戏院,设座一千一百个,武生李盛斌、武旦小九霄在此驻演。再一个是共益舞台,主演是唐韵笙携徒弟曹宝艺和后加入的张云溪等。中央大舞台的票价最高。刘永亮把他们安排在中央大旅社。因为事前孙焕如就和院方谈好,要管吃管住,金三爷对下榻处还算满意。头三天打炮戏码:第一天,大轴是金少山与周瑞安的《连环套》,压轴是贯大元与吴素秋的《坐宫》,开场是李多奎的《太君辞朝》。第二天,开场是李多奎的《钓金龟》,依次是周瑞安的《金钱豹》、贯大元的《定军山》、金少山与吴素秋的《霸王别姬》。第三天,大轴金、贯、吴的《大·探·二》,压轴是周的《赵家楼》,开场是李的《望儿楼》。三天的戏票销售一空。

奉天演出期满,金少山与贯大元吴素秋同在大连、哈尔滨、新京时的做法一样,把最后两场的演出收入,都捐赠给了前后台的全体职员。

再说这位奚啸伯先生,原为票友,在天津一鸣惊人,当时他与唱梅派戏的陶默厂联袂《御碑亭》,一炮打响。对这场演出,有位署名"子清"者在文章中写道:"于春和大戏院聆听奚啸伯与陶默厂之《御碑亭》,奚与陶均以票友名义出演天津,奚衔以言派须生,陶以梅派标榜。至于票友演剧恒遭人们轻视,主要原因是票友的艺事缺乏修养,没有相当根基,

奚啸伯、梅兰芳《宝莲灯》

出台演剧又多有闹笑话者（当然不是一概而论），一来二去观众就对之起了这种轻视心理。所以我们听票友时代之奚啸伯，也是抱着这种轻视心理去的，心目中并未以听戏为主要，不过半为消遣而已。结果这出《御碑亭》听完之后，使我们不胜惊赞。原因视其脸上、身上、台风、做派，无一不令人神往。至于唱工，真有言菊朋味道。票友有此成绩的确少见，默默中对奚啸伯起了无限期许，以其果能再努力进取，必能享名无疑。"

奚啸伯下海后，拜了李洪春，在梨园行内取得了一定地位，于是自组忠信社挑班。金三爷喜欢奚啸伯在台上的玩意儿，更喜欢他在台下儒雅的文人气质，所以很愿意与他合作，这次就是三爷主动相邀。奚啸伯能与"金霸王"同演于一台，更是喜不自禁。

李华亭进京与松竹社的管事孙焕如商定了吃住等事务，又跟金老板商定了头三天打炮的戏码后，立马返回天津。

三天的戏码是前两天一样，即开场李多奎、萧长华《钓金龟》，压轴是奚啸伯、吴素秋《打渔杀家》，大轴金少山、周瑞安《连环套》。第三天大轴是金少山、吴素秋《霸王别姬》，头里是奚啸伯的《盗宗卷》。

海报贴出，轰动了天津卫。票价之高首创纪录，一等票四块八角，折合两袋"福星"牌的白面，全场均价四块。不少戏迷们说"再贵也要看金少山"。不到半天，戏票售罄。

1941年10月8日，松竹社一行由前门火车站出发直奔天津，出站时遭到了"恶棍发难"。那时的天津卫，行行有把头，连站台口检票的都有一霸。有两个检票的在嘀嘀咕咕："听说金少山坐这趟车来，得给他点颜色看看，逗逗他。"

走在前面的是马连昆。

"你是干什么的？拿出'居住证'，我们要看看。"

马连昆递上"居住证"，"请看，我打北京来，是唱戏的。"

"叫么名?"

"马连昆。"

"唱么行的?"

"唱花脸的。"

"检查一下。"

他们搜了马连昆的全身,兜里有个香烟盒,"打开看看。"

"您抽一支。"

"谁抽你的臭烟,快走。"

第二个是奚啸伯,他刚到出口,他们就认出来了,"哎,这不是奚啸伯吗,你好大的架子呀!拿出'居住证'"。一个家伙拿着奚啸伯的"居住证"看来看去,然后说:"把衣服脱了。"

奚啸伯的管事常少亭赶紧去护着说:"您别让他脱呀,这么凉的天,要是感冒哑了嗓子,我们吃谁去呀!"

"去你妈的!"这家伙回手就给了一个嘴巴,冲着奚啸伯说:"看你那瘦样儿,过去吧。"常少亭也随着溜了过去。

随后是吴素秋。"好嘛,你就是吴素秋,你棉花纺得不错嘛!(指时装戏《纺

吴素秋《红娘》剧照

父女携手闯关东
共享美誉天津卫

棉花》）拿你的'居住证'。"

吴素秋从手提包中拿出"居住证","给你们看。"

这家伙一边接证一边不怀好意地说:"你穿着大衣,不热吗?"

素秋一看这阵势:呵,这是冲我来的呀,她把夹大衣脱了下来。这家伙看素秋穿着毛衣,"这毛衣不错啊,毛衣里头有嘛?"

"嘛都没有。"

"脱了看看。"

倔强的素秋脱掉了毛衣外套,身上只剩一件紧身的细毛衣。

"行啦,别脱了,再脱就难看了,过去吧,哈哈哈……"

众人恨得咬牙切齿,怒目而视,而机警的素秋记住了这两个人袖标上的号码。

演员们全都过去了,唯独不见金少山,这两个家伙感到十分蹊跷。岂不知,三爷早有预见,他根本就没坐火车,是让李华亭派小汽车接的他。

主演们都下榻在惠中饭店,素秋等到金三爷来了,便向前哭诉:"他们这么寒碜我,我以后还怎么演戏?爸,您得给我做主啊。"

金三爷听后十分愤怒,"天津卫这么干,还行吗?以后唱戏的谁还敢来!"

少山有一位在天津警备司令部供职的朋友,打电话让他把中国大戏院的财东孟少臣请了来。

"您看这事怎么办?把我姑娘寒碜得这样,没完!"

"金老板,您先别着急,我打电话,把警备部的杨司令请来。"

工夫不大,这位杨司令来到了惠中饭店,孟少臣一一作介绍:

"这位是金少山金老板。"

"久仰久仰!"

"这是吴老板。"

"哎呀吴小姐,"杨司令望着泪眼汪汪的吴素秋问,"怎么回事儿？"

金少山把前后经过一说，杨司令拍案大怒，吩咐："把他们站长给我找来！"

站长刚一进门，杨司令过去就是啪啪两个大嘴巴，训斥道："你们要干吗？这是我请来的客人，你们这不给我找难看吗？把那两个狗杂碎给我找来！"

跟着就把那两个检票的家伙带了进来，大家一看，没错，就是他俩。杨司令过去又是一人俩嘴巴，怒喝一声："送宪兵队，灌他们两壶开水！"

这时，三爷反倒说起了好话："杨司令，都是拉家带口的不容易，您打他们，是对他们的教训，以后对我们戏班别这么刁难就得了，我们跟他也没冤没仇，这样是不是太严厉了？您给我个面儿吧！"

"好，好，金老板的面子哪能不给呀，去宪兵队，轻轻地给他们灌点儿辣椒水！"

"金老板，再给讲个情儿吧！"这两个家伙哭着喊着走了。

第二天，即1941年10月9日开始演出。天津观众表现出极大的热情，离开戏还有一个多小时，中国大戏院门口就挤满了人，黑票贵得惊人，折合"福星"白面三至五袋。

头两天的《连环套》剧场效果相当好，掌声、叫好声接连不断。第三天的《霸王别姬》是金三爷首次在天津露演，观众都想先睹为快，黑票价高得出格，但仍然有人买。

金少山与吴素秋饰演的霸王与虞姬果然不负众望，凡是看了戏的观众直呼"大饱眼福"。《尾声》吹过，大幕拉上，掌声还在继续，退场的观众赞不绝口。"这才是真的英雄遇美人"的赞誉传遍了海河两岸。

金三爷此次率吴素秋、奚啸伯的天津之行，收获颇丰，包银比北京翻一番，但也有两段小插曲笔录如下：

一天的戏码大轴是金、吴、奚的《二进宫》，直到李多奎的压轴戏《钓金龟》演完了，金少山还没有下后台，只好垫一出《瞎子逛灯》。台上的演员为了"马后"，只好胡乱添词。天津的观众历来眼里不揉沙子，你演得好，我真捧，你不卖力，我真哄。有观众觉察后高喊："你们这是嘛事，知道吗，今天的票是当了裤子买的。"这下，吴素秋与奚啸伯可沉不住气了，恐怕园子乱了。吴素秋使了个小聪明，到台口撩开台帘对着观众看，以示自己可没误场。后来有人找到金少山，回来报告说："金三爷牵着狗到花园拉屎去了。"

《二进宫》开始，吴素秋的李艳妃出场起叫"先王啊"，"啊"字还没出口，台下就"嗵"，开始哄上了。后面徐彦昭与杨波的架

《二进宫》剧照

子"大人请！千岁请！"台下更是炸了窝。直到戏演完，观众的倒好才止住，金少山回到后台便流下了眼泪。

对于误场，砍戏（随意减词减戏减场次）这种事金三爷时有出现，单说这出《二进宫》，有一次在北京的新新戏院，按剧情杨波唱〔二黄慢三眼〕：

千岁爷进寒宫休要慌忙，
站宫门听学生细说比方。
昔日里楚汉两争强，
鸿门设宴要害汉王。
张子房背宝剑韩信来访，
九里山前摆下战场。
逼得那楚项羽乌江命丧，
到后来封韩信三齐王。
他朝中有一位萧何丞相，
后宫院有一位吕后娘娘。
他君臣设下了天罗地网，
三宣韩信斩首在未央。
九月十三雪霜降，
盖世的忠良不能久长。
千岁爷进寒宫学生不（哇）往，（徐延昭插白："怕者何来？"）
怕的是辜负了十年寒窗、九载遨游、八月科场、七篇文章，
才落得个兵部侍郎，只恐无有下场。

这一段情节、唱词不用说内行，就是一般票友和常听戏的观众都倒背如流。然而，那天老生唱到"学生不往"，金三爷竟没有张嘴，没念"怕者何来"这句词，老生不能再等，只有接着唱下去。这是观众席中有一位冯大申先生，实不能忍，就在老生唱"怕的是"的时候，他大喊一声"怕者何来"。这一声大喊比叫倒好还厉

父女携手闯关东
共享美誉天津卫

梨园豪杰『金霸王』

吴素秋《伊帕尔罕》剧照

害，观众的视线全都转到他的方向，使金少山在台上非常难堪。但性格放荡的金三爷是"记吃不记打"，不思悔过。

还有一件事是有人看见，有一群浓妆艳抹花枝招展的小姐出进他在惠中饭店的房间，只要叫一声爸爸或干爹，就得赏钱一百元。于是互相转告，一晚上来了几十个莺莺燕燕，叫罢，拿完钱就走，金少山哈哈一笑了之。有人问，他这是图什么？人无完人，姑且说这就是他性格中的另一面吧！

　　金少山从天津卫荣归后，翁偶虹又来商量尽快上《钟馗传》之事，哪知"风吹波浪一阵阵，一波未平一波起"。此时上海皇后大戏院又约他赴沪，提出给予丰厚的包银，盛情难却，只好南下。

父女携手闯关东
共享美誉天津卫

## 故地重游认亲子　提携才俊裘盛戎

1943年11月16日，金少山应上海皇后大戏院经理张竟寿邀请，携松竹社莅沪演出。面对他发迹的旧地，面对他阔别五六年的十里洋场，他是别有一番滋味在心头。

松竹社一班人马由前门火车站乘车，到浦口换轮渡到南京，再换火车到上海。沪上名演员麒麟童、赵如泉、黄桂秋等到车站欢迎，主演们安顿在剧场隔壁的爵禄饭店，唯金三爷要求住在戏院前台二楼的经理间，因为这样自己更方便。张竟寿马上把办公地点腾出，安排好床、沙发、桌椅等生活用品。这个经理间，是里外两大间套房，足有三十多平米，门外还有一个铺地毯的厅。

松竹社此行约五十余人，武生周瑞安、老旦李多奎因病未能同行，武生改为杨小楼的外孙刘宗杨，旦角约的是正在上海的李砚秀，其他还有叶盛茂、徐世光、任志秋、李玉泰、杨春龙等。

皇后大戏院的班底老生张少甫、花脸裘盛戎给他们唱开场戏。

上海的观众热情有加，报纸也连篇累牍地加以宣传，把个上海滩炒得翻天覆地沸沸扬扬，连一般的小商贩都知道"金少山在北京镀了金，如今烫得摸不得"。时，麒麟童、黄桂秋在天蟾，程砚秋、马连良、小翠花在中国大戏院，三家无形中唱上了对台。但金霸王的票价和上座率始终占据上风，排队购票的观众绕过几条马路。就是散了戏到宾馆拜访、看望的新知旧友，也是应接不暇。

上海观众最爱看的还是《连环套》与《霸王别姬》。

《连环套》的黄天霸自然由刘宗杨饰演，而《霸王别姬》饰演虞姬的是李砚秀。

　　刘宗杨是真正的杨派武生，他生来就带有杨小楼的遗传基因，更不用说日常的熏陶。当然"千看不如一练"，他的戏都是先由杨小楼的武行头丁永利给拉，然后才由其外祖父给予加工指点，可以说，小楼去后，能真正体现杨派神韵的唯他一人了。能和金老板合演《连环套》也一直是刘宗杨和他父亲刘砚芳的心愿。为了实现这个愿望，刘砚芳早下了功夫。

杨小楼《康郎山》曹晟

　　金少山与翁偶虹策划《钟馗传》的时候，一天刘砚芳到少山家串门，三个人谈话中说到了杨小楼的艺术特点，翁偶虹说："可惜杨老板没了，杨派的东西都在宗杨身上，有机会您（指少山）和宗杨来一出《连环套》。"偶虹此言一出，金少山与刘砚芳都没接话，翁偶虹回忆当时情景"二人始而瞪目相对，继而遑顾左右而言他"。

　　翁偶虹自知出言失慎，便有意岔开话题指着桌上的钟馗瓷玩说："您买的这些钟馗资料，我看还是石湾的有神气。"

　　少山说："还有好的哪！可惜没买成。我在海王村看见一只五彩的'钟馗嫁妹'烟壶，画得那叫细，色头也好，康熙的款，要价五百。我还了三百，问不动，一直添到四百，还不卖。非四百八不成，说还是看我金少山的面子。真叫人扫兴！"

　　刘砚芳听后，详细地问了烟壶的尺寸，画片的构图，瓷质的身份,五彩的气色,默言不语。

两天后,偶虹又去金府,正巧又遇刘砚芳,寒暄之后,只见刘砚芳从怀里掏出一个绸子帕儿,打开了里面的几层绵纸,露出一只五彩绚丽的"钟馗嫁妹"烟壶,送到少山面前:"三哥,您看这只怎样?"

少山把玩许久,说:"哎呀,海王村那只就是这个形儿,可又比不上这只色头好,瓷质高!"少山爱不释手。这时刘砚芳微笑着说:"三哥,亏您没花四百八买那一只,那只是假的!这才是真的哪!"

少山听后一愣,问到底是怎么回子事。

刘砚芳这才从头道来:"这只康熙五彩'钟馗嫁妹'壶,是麻花胡同继家老三爷在道光年得自上赏的,传到少继三爷,已然三辈了。光绪末年,老爷(指杨小楼)在继家唱堂会,少继三爷烦老爷唱《晋阳宫》、《八大锤》双出,过意不去,把这只壶送给了老爷。老爷过世,我本想把它殉葬,老太太(指小楼妻)告诉我,老爷生前特意提到这只壶,说给砚芳留着,作为'念想儿'。我总怕磕了碰了,从不带出门。前天听您说起海王村那只四百八,心想是仿作儿——假的。您既然为排《钟馗传》,我这只壶理应宝剑送予烈士,该归您。"

少山站起身,高高抱拳,"多谢,多谢。"

北京梨园行中的人谁不知道刘砚芳是个水底看人——精明到家的人,此番所做,不就是为儿子投资吗?

这次金少山能约刘宗杨同来上海,不能说与这只五彩《钟馗嫁妹》烟壶毫无关系。

在台上,刘宗杨真有杨宗师的风范,无论念、做都很到家。重点地方如:彭朋念"天霸,老夫与你父交好甚厚,泼着这个前程不要,定要与你担待担待"后,黄天霸边念"谢大人"边单退上步

请安的动作,干净利索;《拜山》时二人的对白,咬得紧,念得脆。戏至高潮:

窦尔墩　住了啊!连环套岂能容你絮絮叨叨,来呀!拿下了!

黄天霸　你们住了!俺今此来,奉帖拜望,以礼当先,身边(解开褶子)寸铁全无。你们依仗人多,来、来、来呀!(转身,背手脱下褶子,左手持褶子一绕,上步,右手拍腹)将黄老爷碎尸万段,皱一皱眉头,算不得黄门之中的后代。

他们二人的这出戏,不仅令"铁罗汉"迷们解渴,也让痴迷杨小楼的观众得到了满足。

坤伶李砚秀,也是出身梨园世家,其父李顺来,是黄(月山)派武生。她上有三个姐姐,下有一个妹妹,姊妹五个均是京剧演员。李砚秀七岁开始在家学戏,十三岁便组织家班挑梁演出。十六岁到长春搭班,月俸1200元,十七岁在北京泰丰楼饭庄拜尚小云为师,《白玉莲》、《花蕊夫人》、《汉明妃》均得真传。

金少山重返上海滩时,李砚秀风华正茂,在金城舞台挂头牌,包银9000元。李砚秀虽

李砚秀《霸王别姬》剧照

故地重游　认亲子
提携才俊　袭盛戎

然已红,但接到金三爷相约,仍然十分欣喜,"自己作为一个晚辈,能陪'金霸王'演《别姬》,是金老板对我的提携",甘愿担当二牌。当然包银也不低,金老板五万元,李砚秀三万元。《霸王别姬》

票价两元，连满十场，仍有大批观众想看。经理张竞寿喜得合不上嘴，又加演十场，还是客满，再加十场，又是客满，就这样一连演了六十九场。

金三爷的生活习惯是夜来欢，一向是白昼睡大觉。这一天打住戏，吃完夜宵，众人退去后，听见有人敲门。金三爷开开门一看，啊！一下愣在那里，只见一个打扮入时的女人领着一个五六岁的男孩站在门外。

"金老板，你把我忘了吗？"女人开口说话了。

"怎么能忘，不会不会！"金三爷边猜测女人的动机边回答。

"你看看他长得像谁？"女人指着手领的小男孩说。

"他、他、他……"金三爷看了看一时难以回答。

"他就是你的儿子！"

"什么，我的儿子？"

"你忘了六年前了吗……"

六年前的一幕霎时出现在三爷的脑海里……

"你不要说了，真是我的儿子我认！"

金少山婚后多年，杨夫人一直未能生养，他巴不得有个儿子。他赶紧找来了管事孙焕如，嘱咐一定要把此事处理好。

孙焕如是何等聪明之人，他既安抚好了这个女人，又给三爷认回了儿子。

金三爷从心底里高兴，宴请大家后，派专人将儿子毛毛（金洪超）送回北京家中交给贤淑的杨夫人抚养。

"焕如啊，自己的儿子回来了，咱们就贴《白良关》吧。"三爷对孙焕如交待。

孙焕如回道："好！《白良关》，父子会，您看谁来小黑？"

"裘盛戎哇。"少山说。

裘盛戎，名门之后，其父裘桂仙是何桂山的弟子，与少山之父金秀山师出同门。但裘桂仙的体态没有何桂山魁伟，嗓音也不如何师宽大，但他会刻画人物，演的角色以肃穆端凝取胜，唱腔苍老而富韵味。裘盛戎虽坐科富连成，但基于家学，出科后，嗓音尚未完全恢复，不能与王泉奎相比，乃南下上海闯天下。

裘盛戎在麒麟童的班里唱开场，除了常唱《坐寨盗马》本工戏外，在《洪羊洞》里饰孟良、《黄金台》里饰伊立、《清官册》里饰潘洪等角色。金少山此次重返上海没带马连

裘盛戎之铫期

昆，他觉得裘盛戎家学渊源，就约了他抵马连昆的坑。贴《刺王僚》，三爷饰姬僚，盛戎饰专诸；贴《草桥关》三爷饰铫期，盛戎饰马武；要贴《白良关》，小黑尉迟宝林自然就是盛戎来饰演了。

年青的裘盛戎沾染了一些社会上的坏习气，与师兄弟高盛麟同为瘾君子，两个人抽得当尽卖光，演出时共用一条彩裤前后赶场。由于大烟的伤害，台上毫无精气神，遭人鄙视。高盛麟自己毫不避讳这段往事，事过多年后，他自曝"我们在科是师兄弟，这时可算是'难兄难弟'了。到了这步田地，我们还是没有决心戒烟，没事两人就在一起猛抽，成了有名的'大隐（瘾）士'，临到上台演戏，往往是没精打采地穷凑合。比如唱《连环套》咱们在台上不但穷泡，有时还下剪子，掐头去尾，草草终场。有一回我们唱《战宛城》，我们愣给'坎'啦，也就是撂下不演了。"

金少山认为盛戎是可造之才,不能让他这么作践自己,要找机会跟他推心置腹地聊一聊。

这个机会来了。

一天,金三爷听说了剧院要辞退裘盛戎的消息,就让徐世光把裘盛戎叫到了他的房间。

裘盛戎进门问:"先生,您叫我?"

"坐下、坐下,听说前台要辞你,有这回事吗?"

"他们昨儿个跟我说了。"

"那你欠这儿钱吗?"

"先支了三个月的包银。"

"这钱我给!你不能走,我跟他们说。"

金少山吩咐人找来了张竟寿。

"三阿哥,你找我啥子事情?"

"听说你要辞了他。"三爷用手指着裘盛戎说。

"前台经理跟我讲,他不好好干,这还得了,我们不能用这样的人呀!"

"他不好好干,我可以劝他,也可以说他!张经理给我个面子,把决定收回去怎么样?至于盛戎,也有他的难处,年轻、挣得少,生活有困难,所以就影响了台上。您每月给他加一袋米,如果账上不加,由我包银里出!我看了他演的几个活儿,挺好,是个人才,将来准成角儿。"

"哎呀,啥个闲话,只要侬金老板讲一句话,侬怎么说就怎么办。"

"好,我谢谢张经理,盛戎欠的账,都由我来还。"

"三阿哥啥闲话,欠几个铜钿不算了,一笔勾销!我去跟副经理讲,从下个月起,每月长一袋米。"

裘盛戎千恩万谢,送走了张竟寿。

"盛戎啊,今儿我要和你好好聊聊,我的话你能听吗?"

"先生,有话您尽管说,我听。"

"你是谁的儿子,是裘桂仙的儿子,你这样下去,对得起他吗?"

"先生您说得对,我对不起我爸爸!"说着,盛戎流下了悔恨的泪。

"盛戎啊,如今你爸爸不在了,我知道你自己出来创业不易呀。我们吃开口饭的闯江湖,酸、甜、苦、辣都要尝到。这上海滩坑、蒙、拐、骗什么没有?"

"先生,您说得对,我今后一定要把握住自己。"

"这就对了,咱们是干吗的,是唱戏的,是凭玩意儿吃饭的,台上没有真玩意儿,谁买你的账?"

"您说得是,我一定山后练鞭,您得给我说说。"

"好,只要你有志气,我一定会帮你!"

"谢谢您,先生。"裘盛戎深施一礼。

"这就不必了,"金三爷用手搀了盛戎一把说,"过几天咱们贴出《白良关》,你来小黑,会不会呀?"

"在科里学过。"

"那脸画什么样儿啊?"

"勾白脸。"

"不对,尉迟恭是黑脸,他的儿子怎么会是白脸呢?这脸谱一定得改,回头问问你世光师弟,明儿咱们先说说戏。"

第二天晚上打住戏,用完夜宵后,金三爷给盛戎、世光说戏,盛戎的小黑尉迟宝林,世光的刘国祯。金三爷先让盛戎走了一遍,他沉思片刻说:"这出戏的尉迟恭与尉迟宝林父子,由于年龄、阅历的差别,说话的语气、身段都各有不同。'小黑'要毛,'老黑'要稳,'小黑'在什么节骨眼上掏翎子,又在什么节骨眼上捋前襟,

故地重游认亲子
提携才俊裘盛戎

都是有分寸的,特别是眼神,不能乱转、乱用!"

金三爷越说越有精神,从尉迟宝林上场开始,一场一场地给盛戎抠,一句一句地给他念,有些身段还亲自示范。这一晚,盛戎收获多多,最主要的是使他开了窍,用句秀才的话:听君一席话,胜读十年书呀!

演出那天,观众反应强烈,都觉得裘盛戎好像换了一个人。

裘盛戎扮演的尉迟宝林在〔急急风〕中上场,唱〔西皮散板〕"正在后帐习刀枪,忽听前帐闹嚷嚷,迈步且进牛皮帐,哼声不止为哪桩?"他唱得满宫满调、韵味十足,把观众的注意力一下子吸引到自己身上。父子对阵时改唱〔二黄散板〕,尉迟恭先唱三句"胯下一骑乌骓马,打将的钢鞭手中拿。来到贼营高声骂",这几句金少山唱得大气磅礴,不缓不急。尉迟宝林接唱四句"番营又来小豪家。乌油盔来乌油甲,皂罗袍上绣团花。问声老将名和姓?"裘盛戎把重点放在第四句上,在"名和"二字后深吸一口气,在"姓"字后加衬音"哪啊",走脑后音,既挺拔又味厚,立即获得满堂彩。金三爷紧接念一句"娃娃"唱"你老爷尉迟敬德保唐家",实大声洪也是一个满堂彩。"见母"一场,是小黑与旦角的戏,当尉迟宝林的母亲梅秀英唱到"听说儿父到临,怎不叫人喜在心。回头我对娇儿论,为娘言来你是听,那刘国祯不是儿的亲——"尉迟宝林忙念"嚛声"然后做"出门、两望"的身段。只见裘盛戎饰演的尉迟保林双手掏翎子、迈左腿、跨步,与梅秀英一同一望、两望,双眼传神,动作脆、帅、美,又得了一个好。至"柳林相会"一场,戏达到了高潮,两人共唱三十多句〔二黄散板〕:

尉迟宝林　来在柳林下金镫,
　　　　　　老将到来我认爹尊。
尉迟恭　　催马加鞭到柳林,

>         只见娃娃跪埃尘。
>
>         你老爷日抢三关夺八寨,
>
>         夜探柏壁介休城。
>
>         唐天子脱袍卷鞭某才归真主,
>
>         各国闻名害头疼。
>
> 尉迟宝林　老将不必起疑心,
>
>         我是你的孩儿要认——
>
> 尉迟恭　认什么?
>
> 尉迟宝林　哎呀!(接唱)认爹尊。

……

两个人都铆足了劲,真是"当场不让步,举手不留情",一个是黄钟大吕,一个是韵味醇厚,当然最过瘾的还是观众。第二天报上就有了评论:"不但'老黑'唱得好,'小黑'也挺活,可谓老的就是老的,小的就是小的,真像个'父子相会'的样子!"

故地重游 认亲子
提携才俊 裹盛戎

## 老友联袂出佳绩　亲传要领十字诀

俗话说"天有不测风云,人有旦夕祸福",金三爷带的大武生刘宗杨患了急性病,只好送回北京。皇后大舞台的张竟寿经理与少山协商,聘林树森为少山挂二牌。林树森是老三麻子王鸿寿的徒弟,与麒麟童师出同门,工文武老生兼红生,能戏甚多。林树森还带来了武二花程少余、短打武生王小舫。

金三爷与林树森是老相识,想当年金少山初闯上海滩时二人就结下了友谊,此次相逢,格外亲近,二人互相帮衬,戏路子更加宽绰。往往是林树森演"老爷戏"《过五关·斩六将》后挂《古城训弟》,金三爷在大轴《古城会》里饰张飞。林树森演《封金挂印》,三爷大轴就演头、二本《白良关》或《牧虎关》、《天水关》等戏码。二人合演的戏码也不少,如《庆阳图》中,三爷饰李刚,林饰李广;《断密涧》中,三爷饰李密,林

林树森《古城会》剧照

饰王伯当；《二进宫》三爷饰徐彦昭，林饰杨波，李砚秀饰李艳妃等。特别是《断后·龙袍》与《太行山》，在《断后·龙袍》中三爷的包拯，林树森反串李后，而《太行山》三爷饰铫刚，林饰王英。这两出戏，长城公司和百代公司还分别给其中的唱段灌了唱片，发行量相当好。《太行山》是一出冷门戏，这两张唱片的唱词如下：

〔一面〕

铫刚　（白）喽啰的，大开寨门，有请呐！

王英　（白）三哥！

铫刚　（白）贤弟！（二人同笑）哈哈哈……

王英　（白）三哥请上，小弟参拜。

铫刚　（白）愚兄也有一拜。正是：当年离别金沙滩，今日相逢太行山。

王英　（白）闻得三哥登龙位，一来贺喜二问安。

铫刚　（白）好一个"二问安"呐！哈哈哈……不知贤弟驾到未曾远迎，当面恕罪。

王英　（白）来得鲁莽，三哥海涵！

铫刚　（白）岂敢！到此必有所为。

王英　（白）只因刘王将江山卖与苏州陆王，特请三哥发兵相助。

铫刚　（白）贤弟抬头观看呐！山上喽兵俱多，缺少粮草。

王英　（白）粮草在弟。

铫刚　（白）发兵在兄。

王英　（白）几时发兵？

铫刚　（白）秋后发兵。

王英　（白）告辞。

铫刚　（白）且慢，你我弟兄许久未见，今日见面必须要畅饮一回。

王英　（白）小弟奉陪。

铫刚　（白）喽啰的退下，侍女们把盏。

〔二黄导板〕太行山摆宴开怀畅饮，

〔原板〕叙一叙当年离别情。

君有道弟兄们百鸟朝凤，（王英白）这君无道呢？

君无道一个个独霸山林。今日里重相见好有一比，

王英　（白）比作何来？

铫刚　（白）上水舟。

王英　（白）哦！

铫刚　（白）下水排。

王英　（白）嗯？

铫刚　〔摇板〕不能相逢又相逢。

〔二面〕

王英　（接唱）〔摇板〕久别三哥今相见，拨开了乌云得见青天。

太行山好一比金銮宝殿，

铫刚　（白）比不得金銮宝殿。

王英　（白）比得的。

铫刚　（白）比得的？

王英　（接唱）两旁宫女似天仙。

铫刚　（白）宫女们退下，喽啰的把盏！

王英　（接唱）铫三哥坐太行全不思想，在山下出了大事一桩。

铫刚　（白）有什么大事，只管讲来。

王英　　（接唱）天下荒荒刀兵动，

铫刚　　（白）王英，天下刀兵荒荒，任他杀，杀不得二龙山；任他反呐，反不到太行山！饮酒饮酒，不要胡言乱语，你小心了哇！

王英　　（接唱）离乱纷纷动刀枪。一言未发寨门掩，叫我有口也难言。拼着挨他四十板棍，汉刘二字要周全。（白）三哥！
　　　　〔散板〕刘王酒醉江山卖，他今天失落锦江山。

铫刚　　（白）哇呀……

金三爷在和林树森的联袂期间，在台上不断碰出火花。一次，演义务戏《群·借·华》，由麒麟童饰鲁肃，马连良饰诸葛亮，叶盛兰饰周瑜，林树森饰关羽，金少山饰曹操。

曹操与关羽见面有一段对唱，一般都是唱〔西皮流水〕，但金少山与林树森与他人有不同的处理，胜利公司灌录的唱片是这样演：

〔一面〕

关羽　　（白）曹操，休道一十八骑残兵败将，就是一十八只猛虎，关某何惧？狭路相逢，我怎肯放你过去呀！
　　　　〔二六〕那曹操好一似鳌鱼吞钩，

曹操　　（白）我好比惊弓之鸟。

关羽　　（接唱）尔是惊弓鸟有双翅难以飞逃。

曹操　　〔摇板〕想当年我待你恩德非小，上马金下马银美酒大红袍。
　　　　官封到寿亭侯爵禄不小，难道说大丈夫忘却故交？

关羽　　〔快板〕你虽然待我的恩高义好，我也曾抵过了你的功劳。

斩颜良诛文丑立功报效，将印信挂高杆封金辞曹。

曹操　〔摇板〕我也曾差张辽文凭送到，我也曾赠过了美酒红袍。

关羽　〔快板〕曹孟德你休要絮絮叨叨，只气得关美髯怒气难消。

关平周将一声叫，为父言来听根苗：

绳索与我安排好，顷刻间管叫尔魂魄消。

〔二面〕

曹操　〔散板〕一见关公变了脸，吓得曹操心胆寒。

望求放我逃脱〔哭头〕险，二君侯啊！

〔散板〕不忘恩德重如山。（白）二君侯，二将军！想当年你在我营，曹操待你不薄，三日一小宴，五日一大宴，上马献金，下马献银，是你言道饶过曹操三不死，今日一次不饶不成？也罢！望求二君侯放我一条生路，回转中原，慢说是曹操，就是众将也感君侯的大恩大德！

关羽　〔散板〕往日杀人不眨眼，铁打的心肠软如棉。

丈夫说话要应验，〔快板〕叫一声孟德听我言：

当初待某家有恩典，今日里报恩在眼前。

关某摆下无名线，认识此阵尔就快加鞭！

光阴似箭日月如梭，松竹社在上海皇后大戏院的演出眼看就到一年，卖座相当好，经理张竟寿为了酬劳金三爷，送给他三件礼物：18K白金手表一只，5克拉钻石白金戒指一枚以及50盒西洋参。第二天的《罗宾汉报》就刊登了《张竟寿献三宝》的报道。当然张竟寿的目的是想挽留金三爷多演些日子，于是和孙焕如商谈后，又续演一个月。

这天晚上九点钟，金三爷睡醒觉起床后，喝完"早"茶精神头很足,把裘盛戎和徐世光叫到眼目前儿,郑重地说:"我唱了几十年的戏,有一些体会,今日跟你俩说说,你们要记住噢。"

"先生,您说吧,我们记得住。"

"世光,你去拿杆笔,写在纸上。"

徐世光赶紧找来了纸和笔,"先生,您说吧。"

"我总结了十个字,就叫'十字诀'吧。"少山喝了一口茶继续说,"这十个字是:'会、对、实、准、稳、帅、活、化、发、传'。"少山一边说,世光一边记。

"前三个字:'会、对、实'是学艺过程中的三点要求。会:初学时,态度要认真,从外到里都要学会,也就是'真会',不是'假会';对:学会了,还要'走'出来,要'走'对,身段要正确、规范;实:学得实在,而且透彻,不但要知其然,还要知其所以然。"

"中间六个字:'准、稳、帅、活、化、发'是对自己台上演出的六条准则:表演要准、到位;上台要胸有成竹,神态沉着、稳健;舞台形象要美,还要帅;身段娴熟,运用自如、灵活;学习、借鉴与本身的条件相结合,取长补短,融会贯通,真正化成自己的手段和技能;扬优弃劣,发扬光大。"

"最后一个字:'传'即要把自己的成功经验,加以总结,毫无保留地传给后人。你们俩记住了吗?"

盛戎与世光认真地说:"记住了!"

在那"教会徒弟饿死师父"的年代,金三爷却能把自己多年的经验体会毫无保留地全盘说出,这是何等的胸怀呀!

## 侠义肝胆斗顽主　梨园齐赞真豪杰

梨园豪杰"金霸王"

金少山在上海演出的盛况传到了南京，演出期刚满，便被南京的地头蛇常玉卿接了去，安排在国际剧场，营业状况不亚于上海。突然有一天，常玉卿叫他陪一位不知名的票友唱《连环套》。这可气坏了金老板，他平生最恨土豪恶绅发号施令，真想一口回绝，但转眼一想：咱们惹不起地头蛇呀！不能硬顶，给他来个台上见。

五殿阎君

当晚，少山认认真真地扮好戏，规规矩矩地上了台。〔点绛唇〕"膂力魁元……"照样盖着海笛唱，定场诗、报家门一丝不苟，那段名唱"将酒宴摆至在分金厅上"照样满宫满调，特别是把那句观众爱听的"饮罢了杯中酒"唱足后，便顺势溜倒在台上，台上台下一时大乱，不知金老板患了什么急病，立即送往医院抢救。那位有来头的票友只好丧气地卸了戏静候，但少山就是不出院，直到那位票友兴趣索然，声称不票了，他才出院。直到南京签约期满，也没让他们得逞。

其实少山与恶势力斗争从来没断过。早在1934年春，正逢梅兰芳在上海演出，汉口的一位国民党大员点名叫梅兰芳与金少山去汉口唱义务戏《霸王别姬》。演义务戏是一种善举，演出所得一般都是为了赈灾，能被邀参加演义务戏的都是名角儿，如此，才有号召力。因此也有某些权势人物借办义务戏之名中饱私囊的。汉口的这个大员想借办义务戏之名玩花活，并叫梅兰芳和金少山坐飞机去，第二天就走，下飞机就唱！金少山接到通知后，越想越有气，凭一个大员的势力，拿我们唱戏的当泥人玩儿！不能叫他如愿，得找辙拖他几天。

"对不住，我从小就晕高，坐飞机我害怕。"

"金老板，飞机稳得很，出不了事的。"

"要不，咱们走水路，坐江船吧。"

"不坐飞机，耽误了日子，我无法交待！"来人用威胁的口气说。

任凭来人说出天，少山自有定盘星。

第二天，金少山拉着他的大"傻黄"（蒙古狗）到了飞机场。别人一个个都上了飞机，少山就是不登机，任凭别人怎么劝，他就是一句话"我怕摔死"。来人要动粗，想把他架上飞机，那大"傻黄"像一头雄狮一样扑上去就咬，吓得来人连连大叫："看住狗，看住狗，不上啦，坐船，坐船。"

金少山用自己的方式取得了胜利，两天后他才乘船到达汉口。事后少山曾对人说："我就恨这些官僚大员，奴役我们！假若是同行约我义演，我哪能这样无理取闹？"

此后有人送给少山一副对：佯装晕高拒登机，救驾全仗大傻黄。

对金少山的"玩世不恭、放荡不羁"有人这样说过，"他是个愤世嫉俗不甘示弱而又无能反抗的弱者。他恨透了戏蠹的剥削，资本家的压榨，官僚大员的奴役，土豪的侮慢，'恨天无把、恨地无环'反不了那黑暗乾坤，只得要小聪明，出以偏师，与他们斗争。"

而梨园行的同仁们无不向他伸大拇指，表示钦佩。

后来，这两件事越传越神，最后竟然演绎成一个惊心动魄的故事：

话说某年农历九月十八日，是上海市警察局局长杨虎母亲的七十大寿，这杨虎虽然霸道成性，但对寡母却十分尽孝道，准备为老母的寿诞操办一番。杜月笙是杨虎的把兄弟，他知道干娘最喜欢京剧，所以除了备一份丰厚的贺礼还送上一堂堂会，特请梅兰芳演《霸王别姬》。梅老板接到通知后提出一个条件，除非是金少山演霸王，否则换戏。而此时金少山不在上海，向他的把兄弟高庆奎打听，才知少山在汉口。杜月笙忙对梅老板说："你马上给金老板打电报，请他马上飞回上海，一切开销都归我。叫他早点回来，我很想和他交个朋友。"

金少山接到梅老板的电报，立即结束在汉口的演出，偕跟包的阿四飞回上海。

是日，杨府寿堂上红烛高照，香烟缭绕，正中挂着大大的一个用百个京剧脸谱组成的寿字，贺客们行完礼便去听戏。戏台设在厅堂的西侧，场面上打完"通"后演出就开始了，跳完"加官"、"财神"，先是几出讨吉利的戏，什么《天官赐福》、《麻姑上寿》，李多奎的《太君辞朝》和麒麟童的《追韩信》后就是梅、金的《霸王别姬》。

杨虎有个姨太太叫丁丽珠，平时爱票戏，看着这个热闹的场面，心里直痒痒，他向杨虎提出第二天要和金少山合唱一出《连环套》，自己要反串黄天霸。杨虎通过杜月笙把这个决定告诉给金少山，金少山气得牙根发颤，想横下一条心回绝，但又怕让梅先生难堪，想到这里便说："冲你杜先生的面子，这个活儿我接了。"杜月笙一抱拳"承请、承请"。

第二天开戏了，金少山心中有数，从"坐寨"到"盗马"他

格外卖劲。丁丽珠极为高兴,以为是少山在捧她。及至"拜山",窦尔墩与黄天霸见面:

  窦尔墩 原来是镖客。

  黄天霸 寨主。

  窦尔墩 幸会了哇!(笑)哈哈哈……

  黄天霸 (笑)哈哈哈……

  窦尔墩 镖客请!

  黄天霸 不敢,寨主请!

  窦尔墩 如此你我挽手而行。

戏到这里,窦尔墩与黄天霸抓腕较力。但就在这时,金少山左右摇晃仰后便倒。由于他抓住丁丽珠的手不放,连她一同拉倒在台上。众人不知发生了何事,台上台下乱作一团。

  杨虎从座上蹦跳起来大嚷:"这是怎么回事?"勤务兵们如临大敌,飞身跃上舞台。台上的杂乱惊动了后台的梅兰芳,他深知少山的脾气,早预感到要出事,果不出所料,他怕少山吃亏,立即到台下拉着杜月笙走到少山身边。这时连哭带喊的丁丽珠被人搀扶着往里走,她大声喊着:"敢跟老娘过不去,杀了他!"金少山却直挺挺地躺在台上,闭目咬牙,一副不省人事的样子。梅兰芳早就听说过少山跟王福山的父亲王长林学过"尸厥"的功夫,现在真用上啦。他见勤务兵要架走少山,就急忙向杨虎走去,还未开口,铁青着脸的杨虎把手一挥,说:"梅老板不要替他说情,我今天决不饶他。"梅兰芳恳求道:"杨局长,常言说得好'天有不测风云,人有旦夕祸福',吃我们这碗饭的,谁也保不准在台上有个闪失。再说,少山坐不惯飞机,为了给老太太祝寿,他是马不停蹄呀。今儿早晨我就看出他脸色不好,他这是晕场……"未等梅兰芳把话说完,杨虎说:"好啦,不要为他伤了咱们的和气,我先教训教训他,要不了他的命。"正在这茬口上,鬼精的杜月笙搬来了杨老太太。老太太说:"好啦好啦,都是为了我,寿也做了,戏也唱了,今天的事我担待了。"杜月笙乘机对杨虎笑着说:"你是上海滩有名的孝子,老太太既然说了话,大家图个吉利。再说人是我请的,不看僧面看佛面吧!"杨虎抖动着嘴角的肌肉冲勤务兵大吼:"走!都给我走。"

金少山与阿四回到下榻的旅馆,二人打开房门,电灯不开自亮,定神一看,只见椅子上坐着一恶汉。阿四用身体护住少山,大声问道:"你是什么人,怎么擅自进到我们屋里?"金少山推开阿四,向那人拱拱手,"朋友,我就是唱花脸的金少山,要是来找我的话,有事好商量。"

"噢,原来是窦寨主,刚才的《连环套》唱得不错。听说你有病,晕倒在台上,我受人之托给你送一包药。"那人说完掏出一个小包,把一小撮白色药粉倒入茶杯,提起茶壶倒满水,推到少山面前,"你只要把这杯茶喝下去,我不伤你一根汗毛。"金少山大喊一声:"青天白日,朗朗乾坤,你敢害人性命,难道不怕王法吗?""王法?王法是为你们定的。我得人钱财,替人消灾,快喝!"

阿四冲上前去,"我跟你拼了。"被那人一掌击出好远。"不要伤他!"金少山大吼一声去扶阿四。那人冷冷一笑,"金老板,我们是专干杀人越货,识相些,快喝下去。"就在此时,见一到白光划过,只听"乓"的一声,茶杯被击碎,一位威风凛凛的汉子,手里揉着几颗铁球,走进来一声冷笑:"赶得好不如碰得巧,好买卖大家有份,总不能一个人独吞吧?"

那人一见,顿时慌了手脚,讷讷地说:"原来是赛李五。"不错,此人正是江湖上有名的神弹"赛李五"。他能打百发百中的铁弹,令人闻风丧胆。"银毛苟,你也不去打听打听,这笔生意我早兜下了。金老板出钱雇我保护他,难道你要和我过不去吗?""前辈,后生不敢,后生不敢。""还不快滚!"银毛苟悻悻地离去了。

金少山向"赛李五"抱拳说:"壮士,为何救我?""赛李五"

答:"先随我离开此地,有话路上说。"

少山叫阿四结完账,随"赛李五"来到盘汤弄桥旁,登上一条早已备好的小舢板。少山刚要答谢,"赛李五"问:"金老板还记得六年前在淮海路你救过一个被外国汽车轧伤过的年轻人吗?"

"有这么档子事。"阿四抢着回答。

少山问:"您认得他?"

"他是我的徒弟阿根呀。"两位硬汉的大手紧紧地握在了一起!

一弯残月,数点寒星,小舢板摇着摇着,不觉到了黄浦江口……

侠义肝胆斗顽主
梨园齐赞真豪杰

## 误场致遭剧场乱　台上巧喝牛尾汤

　　金三爷艺高脾气长，要命的是好误场，无奈，只好垫戏，什么《花子拾金》、《双背登》、《瞎子逛灯》这几出能抻时间的戏随时准备着。那时还没有先进的通讯工具，后来，经励科想出一个主意，派出一批人去，每隔一里地站一个，从剧场一直站到金宅。待少山一起床，头一个就高喊"三爷起床喽……"就这么一站一站地传到后台。过一会儿，便喊"三爷洗脸了"、"三爷动身喽"、"三爷到了大栅栏西口喽……"引得路人驻足看这一景。

杨荣环

　　有一个时期，金少山的松竹社与奚啸伯的忠信社联袂杨荣环在长安通力合作，每周三四场戏，营业状况可观。有个在军统做事的刘某，官不大，但是有一定的权势。此公喜好皮黄，也能哼上几句，专好"结交"一些梨园名流，像余叔岩、时慧宝、刘砚芳等家中有古董字画的都在他的交往范围之内。有一次，他到刘砚芳的府上，看见一个老佛爷当年赏给刘砚芳岳父杨小楼的扳指,二话不说,顺手就揣进自己的口袋里,刘砚芳心中愤怒而脸上赔笑,干吃哑巴亏。有一天,这姓刘的又贼上了金少山。那天,杨荣环、奚啸伯、金少山合演《法门寺》带《拾玉镯》,杨荣环前饰孙玉姣,后饰宋巧姣,奚啸伯饰眉邬县赵廉,金少山饰太监刘瑾。这个刘军统向金三爷要戏票,一张嘴就是二百张。因为那场戏是一家富户包了大半场的好票,只剩后排还有不多的余票。但这个刘军统硬逼金少山把人家包的好票倒给他,金三爷不能这么办也无能力去办。这就把刘军统给得罪了,这家伙恼羞成怒,要给金少山点颜色看看。

金三爷有误场的习惯,这已是观众习以为常的事,但今天开戏前,刘军统就布下了人,伺机砸场子。

知情者悄悄告诉了金三爷,少山闻听后深知不妙,便想回戏,但这场戏票早已售罄,前台经理死活不同意,认为得罪了观众,影响今后的营业划不来!何况场内有弹压席维持。三爷认为:他们都是官官相护,坚持不演,双方争执不下。眼看到了开锣时间,后台管事的高登甲,没有得到变故的通知自然让按时开戏。开场是武戏《白水滩》,然后便是《拾玉镯》、《法门寺》。

开场的《白水滩》很火爆,青面虎和十一郎打的"双刀棍"、抽"肘棒子"摔"锞子"以及"棍下场"连连得好。杨荣环的《拾玉镯》快要演完了,但金少山还没进后台。《法门寺》头场就要上刘瑾,高登甲赶紧吩咐垫一出《瞎子逛灯》,水牌一出,老观众未动声色。待刘玉泰扮的和尚刚一上场,只听坐在"上场门"后排的一群观众就大喊:"金少山架子太大,看不起听戏的,我们要退票。"坐在弹压席上的巡警怕出大乱子,负不起地段的责任,赶紧进行安抚,绝大多数观众并没有跟着起哄。但直到《瞎子逛灯》演完,金三爷还没进后台,瞬间,那拨人又大喊大叫起来。就在高登甲想辙之时,金三爷到了后台,但一时也扮不上戏,台下越闹越

误场致遭剧场乱
台上巧喝牛尾汤

大，三爷的管事孙焕如走上台向观众一抱拳，"诸位对不起，金老板半路上出了点事，现在正在赶扮，戏马上就开，请老少爷们谅解。"这时有位老者站起来打圆场，说："诸位，我们是金老板多年的观众，既然孙管事说今日情况特殊，那我看大家伙可以谅解。大家既然等了这么久了，让金老板快扮戏就是了，大家给个面子吧，好不好哇？"大部分人同意这个倡议，剧场内的气氛缓和下来。

金少山在后台一边揉脸，几个跟包的给他穿戴。三爷告诉孙焕如："开吧。"

场面开时缓锣，随〔一锤锣〕四龙套、四校尉、贾桂上场。起〔四击头〕接〔回头〕再接〔一锤锣〕金少山扮的刘瑾一上场，叫好声和喝倒彩的声就混杂在了一起。金三爷沉住气，到台口打〔引子〕"腰横玉带紫罗袍"一声狮吼震得台下鸦雀无声。"赤胆忠心保皇朝"后，反、正彩声又起。刘瑾入座念定场诗，从第一句"四海腾腾庆升平"起，台下的那伙人就开时起哄："嗵！下去吧！"一些老观众站起来与他们交涉。场内乱成了一锅粥！金三爷忍无可忍，只好转身回到了后台，对跟包的说："先乱去吧，我肚子有点饿。去隔壁大地餐厅叫两份三明治，一份牛尾汤！"跟包的问："哪有时间吃呀？"三爷回答："有节骨眼，盯着荣环一唱慢板就给我端上去。"

这么一来，那帮家伙更是得理不让人，暴跳着狂喊退票，巡警和剧场经理把他们请到场外摆理，有不少观众也加入了进来参加辩论。如此一来，把演戏的时间占去了许多，要不掐点场子，否则到了凌晨一点也散不了戏。与高登甲商量后，只好掐去宋巧姣和宋国士的头场，接"庙堂"，场面起牌子〔一江风〕四校尉、四龙套、四太监、四宫女引贾桂、刘瑾、太后进庙。在"一条鞭""挖门"时，金三爷到台口向观众打躬说："诸位对不住，对不住！"可笑的是有几个观众向刘瑾答话说："金三爷卖点力气就都有了！"顿时台下掌声、笑声混成一团。

戏演至宋巧姣上场：

贾　桂　告状的小妞儿，上面坐的是太后老佛爷，这是我家千岁爷，有什么冤枉，只管朝上回，别害怕，都有咱家我哪！

宋巧姣　国太，千岁容禀！

〔西皮导板〕宋巧姣跪至在大佛宝殿，

四校尉　呕！

刘　瑾　桂儿呀，怎么又这么鸡猫子喊叫的？

贾　桂　奴才不知道哇！

刘　瑾　瞧瞧喀，猴崽子！

贾　桂　嗻！我说校尉的，怎么又这么鸡猫子喊叫的？

四校尉　千岁的虎威！

贾　桂　咳！什么"虎威""狼威"的，出了京啦，不要这个够使的，给我滚下去吧，猴崽子！咳！小妞儿，我说我的，你倒是唱你的！

宋巧姣　〔西皮慢板〕

尊皇太与千岁细听奴言。

小女子家住在眉邬小县，

杨荣环剧照

台上巧喝牛尾汤　误场致遭剧场乱

遵父命与傅朋匹配良缘。

那一日我的夫大街游玩，

将玉镯失落在孙家的门前。

孙玉姣拾玉镯被媒婆看见，

因此上诓绣鞋引奸卖奸。

……

就在胡琴起慢板过门的时候，检场的将三明治和牛尾汤端了上来，金三爷一侧身，胳膊支在桌上，用水袖一挡脸，是又吃又喝。这段慢板约十五分钟，金少山款款而用，宋巧姣唱完了，金三爷也吃喝完了。难得的是观众居然没有丝毫发觉。后台的人们纷纷伸出拇指交口称赞："真是一个老江湖呀！"

其实这种做法早有前科，当年在上海时，一次在黄金大戏院演《法门寺》，金少山的刘瑾，而饰演赵廉和宋巧姣的分别是高庆奎和章遏云，当章遏云唱慢板时，他的管事阿四就端上来一把小茶壶，里面就是牛尾汤，还有一块面包夹香肠。他这一次可谓是轻车熟路，当然，这也是他生活长期无规律造成的，算是"急就章"吧。

## 少山偏爱王金璐　三爷演活金大力

长江后浪推前浪，一代新人在成长！

1936年秋，《立言报》发起童伶选举，被选对象定为富连成社世、元两科中未出科的学生和中华戏曲专科学校德、和、金、玉四科的学生。北平大中学校爱好京剧的学生和戏迷大众踊跃投票。1937年1月17日《立言报》发行特刊，公布选举结果："童伶主席"李世芳；生、旦、净、丑依次排名，生行王金璐、叶世长、黄元庆、傅德威，旦行毛世来、宋德珠、侯玉兰、白玉薇，净行裘世戎、赵德钰、洪德佑、沈世启，丑行詹世辅、殷金振、艾世菊、赵德普。

选举是公正的评判，一颗颗明日之星正在冉冉升起。

老名伶感慨万分：京剧大有后来人！

1938年前后，富连成社大盛字科的十几名主演被上海天蟾大舞台邀去，科班势衰，而中华戏校却蒸蒸日上，戏校之盛，标志在人才济济。时有老生关德咸、王和霖、李和曾，旦行"四块玉"即侯玉兰、白玉薇、李玉茹、李玉芝，净行周和桐、王玉让、赵德钰、萧德寅，小生李德彬、储金鹏，老旦李金泉、王玉敏，武旦宋德珠、李金鸿，武生王金璐、傅德威、袁金凯、何金海、延玉哲等等学生已深入观众心中。1938年5月，一批大的学生毕业。至秋，王和霖、李和曾、侯玉兰、白玉薇、李玉茹、王金璐等成为能挑大梁的学生。他们与吉祥、中和、广和签订年度合同。有的报社还开辟专栏，广泛宣传。

梨园豪杰『金霸王』

王金璐、赵德钰《连环套》剧照

一年后，戏校上演翁偶虹编演的新戏《三艳妇》与二本《火烧红莲寺》，人头号定：侯玉兰、白玉薇、李玉茹演"三艳妇"，王金璐、侯玉兰饰演《火烧红莲寺》的主演陆小青和红姑。两场戏都卖了个满堂，学生都有点沾沾自喜，特别是王金璐似乎有点骄傲。有一天，他问师傅丁永利："唱了这些戏，人家都说不错，您说呢？"丁永利把脸一沉，厉声说道："差远啦，你们还是群学生，有什么可美的！你练得将来跟金少山、侯喜瑞唱上两出再美！就这点出息，什么东西！"说完，竟气呼呼地走了。

王金璐挨了师傅一顿呛，脸上虽然带羞但心中不能不服：是啊，什么时候能跟金少山、侯喜瑞唱上两出呢？这两位可是大师级的人物呀！师傅不是常说"要心中长牙"吗，我要山后练鞭，等待时机。

王金璐等一批学生就要毕业了，老话说，"科里红不算红，搭班以后红才算真红"。但"搭班如投胎"的艰难金璐哪里知道。就在毕业前夕,丁永利找他谈了一次话。

"小子,要毕业了,你有什么打算?"师傅问。

"唱戏呀!但我要先结婚。"金璐答。

"我知道,不结婚你连住处都没有。孩子,你不知道,你家是外行,又什么都不趁,戏班里也没人,可不易混好了呀!"师傅的话语重心长。

金璐是个雏,不明就里,问:"什么叫没人哪?"

"傻小子,你连有人没人都不懂,还想混饭吃!"

"师傅您别生气,我真不知道。"

"唉,傻小子,都说咱唱戏的是下九流,被外界瞧不起,外行的闺女大多也不愿嫁给咱们,所以大部分都是行内结亲,亲套亲就像藤蔓一样缠在一起,慢慢地祖祖辈辈全成了环套环的亲戚了。父一辈子一辈都干这一行,搭班唱戏都有照应,你行吗?这唱戏行里谁是你的亲戚?一句话说不对,就能得罪一群人,你知道吗?"

听到这里,金璐才明白。丁永利又接着说:"谭家到元寿已经是五代都唱戏了,他们家在这行有多少亲戚,王又宸、宋继亭、杨盛春都是他家的姑爷;徐兰沅与梅兰芳家是亲戚;叶春善的两个女儿,一个嫁给了茹富兰,一个做了萧长华的儿媳妇;李万春的父亲是李永利,李少春的父亲是李桂春,他们两家又是儿女亲家。这就是父一辈子一辈,这就叫有人。人家出了科,懂得怎么抄近,出哪门进哪门错不了,你行吗?"

师傅的话振聋发聩,他似有所悟,他信誓旦旦地说:"我就不信比不过人家!"

"小子,台上你比一家高一点不行,要高一大截才有饭吃。嘴里光说不怕苦,拼一阵不行!"师傅瞪眼看着徒弟。

金璐立起身来,宣誓似的对师傅说:"您只要带着我,不用说

少山偏爱王金璐
三爷演活金大力

苦，拼了命也得争这个一大截，要不我就改行。"

"好，就这么办，我给你张罗。要是有一时不顺心，可千万不能泄气。听我的，有能耐，有德行，好好唱，早晚得成了，像河漂子一冒头可不行！"丁永利说完话，转身而去。

王金璐久久地想着师傅的一席话。

翁偶虹曾经给金少山说起过戏校有一批学生很不错，少山印象深的有王姓两个学生，一个是学老生的王和霖，另一个是学武生的王金璐。

这一天金少山等在窑台练完功，往回走的路上遇到了丁永利。丁永利小少山三岁，忙迎上前去打招呼："三哥，您收功啦？"

少山一向尊重能教黄（月山）杨（小楼）两派武生戏的丁永利，很客气地聊了起来。

"在戏校都给学生们说什么戏了？"少山问。

"杨派的《夜奔》、《长坂坡》、《八大锤》、《战冀州》、《连环套》、《安天会》，黄派的《忠义臣》、《剑峰山》、《莲花湖》、《独木关》、《溪皇庄》、《刺巴杰》等。还有老三麻子的一些老爷（关羽）戏，总有几十出吧。"

"收了几个徒弟？"

"五六个啦。"

"对哪个最中意？"

"王金璐有出息，虽是外行子弟，但很刻苦。"

"翁先生也向我提起过他，都唱过哪几出？"

"凡是我教过的都唱了。"

"连《连环套》都唱了？"

丁永利一听话音，是个机会，就说："老早就能唱了，到如今已经不下几十场，三哥，我有句话一直想跟您念叨。"

"有话就直说，咱们兄弟还客气吗？"

"希望您提携他,外行子弟吃这碗饭不易呀!"

"你的徒弟好说,找个机会,我们爷俩儿就唱这出《连环套》。"金少山快人快语。

丁永利把这个喜讯告诉了爱徒,王金璐听罢一蹦三高。

《连环套》是一出品位极高的戏,饰窦尔墩的花脸演员与饰黄天霸的武生演员势均力敌,就是对儿戏;武生挂头牌的就算武生戏,所以行内有"武生不擅《连环套》,应当说当行不出色"的说法。同样也有"唱花脸的唱不了《连环套》够不上个角儿"的说法。武生总师杨小楼的代表作中有《连环套》,而最能体现金少山艺术特点的也是《连环套》。

当时三大花脸金少山、郝寿臣、侯喜瑞都视《连环套》为长身份的戏,对合作的武生甚为挑剔。郝寿臣于 1910 年在东北和马德成首演此戏,后有田雨农、杨小楼、李吉瑞、沈华轩、周瑞安、高庆奎、马连良等,哪一个不是大名鼎鼎。郝寿臣于 1938 年退出舞台,金、侯则始终以《连环套》名重一时,和侯合作过最多的是杨小楼、马德成、周瑞安。金少山回京后,非杨派武生周瑞安、孙毓堃、刘宗杨等才唱,所以这出戏露演反倒比在上海时少。

1946 年 6 月广西闹水灾,天津中国大戏院特邀京津名角儿举行盛大义演。当时凡在家的都应邀参加,老生有谭富英、周啸天、哈宝山、李世霖,小生有叶盛兰、李玉泰,武生王金璐,旦角张君秋、王吟秋、王兰秋,花脸金少山、王泉奎、

少山偏爱王金璐
三爷演活金大力

《连环套·盗钩》王长林之朱光祖

梨园豪杰『金霸王』

金少山在天津

刘砚亭、高盛虹,文武小花脸萧长华、叶盛章、萧盛萱、艾世菊,老旦李多奎、张菊舫。义演自6月5日至11日,日夜共计八场,票价荣誉座三万,特座二万,普通座分一千至一万五不等,包厢座高达四至十万。海报贴出,购票的排起了长龙,从戏院前门往东再往北拐,有几百米长。

6月10日,是令王金璐值得纪念的日子,就在这一天他梦寐以求和大师联袂演出的时刻终于来到了。是日的戏码:头出叶盛兰、王泉奎、李世霖的《白门楼》,二出是谭富英、张君秋、李多奎的《桑园会》,大轴就是金少山、王金璐、叶盛章的《连环套》。当场面刚打头通(开戏前为造气氛用锣鼓奏的音乐),池内已满坑满谷了。在后台,王金璐给金少山深施一礼,"金先生,您多带我。""好小子,大胆唱,有多大本事使多大本事,你得的好要比我多,我才高兴,放心,都有三爷我呐!"一句话掷地有声,一句话使金璐的精神得到放松。什么叫德行,这就是戏德!

王金璐在净王金少山的带动下,不洒汤不漏水,不管是"五把椅"还是"谒彭"、"拜山",完全是杨派的精气神,非常圆满地演完了这出大戏,获得了较高的赞誉,从此鱼跃龙门,击浪而上。

后有人赞王金璐:"吾观金璐之剧至为夥矣,关圣则红生也,徐策则麒生也,秦琼(麒麟阁)则杨派也,邱成(剑峰山)则黄流也(黄月山之流),它如《天雷报》则老旦,《四进士》则边生(杨春),《金光阵》能饰丁山,《安天会》亦来猴子,《伐东吴》则扮黄忠,所谓文武老幼诸角,渠乃一概不挡,故称曰九纹龙。龙能变化不测,蚓复加以九色之纹乎?其难尤在每饰俱为正角,或或有文,爱克称为头生尺木。亦以叩其本工,几乎'如龙捉不住时多'耳。翩翩少年,幽燕老将,彼乃兼收并蓄之。按:金璐所演之剧尤有特殊者,《三国志》之前部孔明后部鲁肃尤不足怪,乃至《盗宗卷》之陈平亦曾陪人演唱。夫自陈平演至《铁笼山》之姜维、《金沙滩》之杨延嗣,此岂人所能料之事乎?"(见《立言画刊》第 139 期)

　　金老板提携、帮助年轻人的事例还有很多。李玉茹回忆:大约在 1943 年(时,20 岁),我被邀与金少山合演《霸王别姬》,我十分高兴接受了这次的合作戏,也很想演好这场戏,演出那天上座很好,可是戏演得很冷,好像掉进水盆里了。末一场,我在唱〔南梆子〕的时候,唱到"我不免出帐外且散愁情"时,在唱"散"字的时候,嗓子有点开花,台下就有人喊:嗵!嗵!嗵!观众一时不知怎么回事,继之哄堂大笑。当时我的眼泪就流下来了。戏还得演下去,当我唤醒霸王,告之四面俱是楚国歌声,霸王随虞姬出帐聆听,然后金先生铆足了劲,打了个"哇呀呀",这一声"哇呀呀",真有气震寰宇之势,把整个剧场都震动了,观众们像炸了窝似的叫起好来,一下子把剧场的气氛扳回来了。接下来霸王与虞姬在〔五锤锣〕里有个"双进门"的身段,金先生趁转身的时候,悄声对我说:"姑娘别怕,沉住了气。"这句话真有千钧之重,给了我莫大力量。我立刻沉下心来,接下来唱〔二六〕,耍"舞剑"。演完戏一到后台,我就大哭起来。金先生没顾得抹头,跟着我来到化妆的地方,慈祥地对我说:"姑娘,别哭了。今天我看出来有人存心搅戏,找碴儿。可没搅成,戏还是叫咱们扳回来了。得倒好算什么?唱戏的不得倒好,卖菜的能得倒好吗?我得的倒好,比你岁数还大得多呢。下期咱爷俩儿还贴这出戏,看看还有谁搅。"金先生这番话,我一辈子也没忘记过,我多么感激这位前辈对后生的爱护、呵护啊!

少山偏爱王金璐
三爷演活金大力

金少山与青年演员们

《霸王别姬》是给金少山带来无上荣誉的一出戏、是长份的一出戏。《连环套》是最能体现金少山技艺水平的一出戏，也是他挣戏份最多的一出戏。

几十年来金少山经常上演的戏有几十出之多，如：《草桥关》（饰铫期），《牧虎关》（饰高旺），《御果园》、《白良关》（饰尉迟恭），《锁五龙》（饰单雄信），《飞虎山》（饰李克用），《刺王僚》（饰姬僚），《断密涧》（饰李密），《断太后·打龙袍》、《铡美案》、《探阴山》（饰包拯），《大保国·探皇陵·二进宫》（饰徐彦昭），《失街亭·空城计·斩马谡》（饰马谡、司马懿），《丁甲山》、《清风寨》（饰李逵），《双李逵》（饰李鬼），《审七·长亭》（饰李七），《取洛阳》（饰马武），《忠孝全》（饰王振），《法门寺》（饰刘瑾），《黄鹤楼》、《芒砀山》、《回荆州》（饰张飞），《太行山》（饰铫刚），《下河东》（饰欧阳芳），《龙虎斗》（饰呼延赞），《托兆》（饰杨延嗣）、《大回朝》（饰闻仲）、《渭水河》（饰姜子牙）、《庆阳图》（饰李刚）、《天水关》（饰姜维）、《黄金台》（饰伊立）、《捉放曹》、《华容道》、《阳平关》（饰曹操）、《搜孤救孤》（饰屠岸贾）等。

以上可谓正戏，然而还有一些主要配演如《穆柯寨》之焦赞、《洪羊洞》之孟良、《陵母伏剑》之项羽、《双沙河》之张天龙、《八蜡庙》之金大力等。

《双沙河》的张天龙与《八蜡庙》的金大力是两个很诙谐的人物，内行讲演这两个活要"攮点掭"。

《双沙河》一名《人才驸马》，又名《土番国》，剧情为魏小生、高能、杨仙童三人奉师令去助杨家将征战土番国，土番国有人才驸马张天龙，携两位妻子玉宝、玉珍出战。张天龙被魏小生战败，而两位公主却心羡高、杨二人，各邀回营中欢叙。魏小生累窘张天龙，又幻化入房，与二公主相戏。后两位公主反助高、杨杀死张天龙，归降宋朝。

《双沙河》的二公主历来都由大角儿饰演，荀慧生演过玉宝，小翠花演过玉珍。萧长华、马富禄擅演魏小生，姜妙香演过杨仙童。金少山以架子花的表演程式来演张天龙。关于金少山演《双沙河》张天龙一事，剧评家景孤血曾在《立言画刊》第 186 期（1942 年 4 月 18 日）发表一篇评论，《追记金少山之〈双沙河〉》。文中褒贬兼之，观后对该戏的内容及演员的表现会有大概的了解。引文如下：

少山此剧，未成名时数数演唱，以其凤性滑稽，且有此剧之瘾。然而就是日演出之成绩言之，仍不如"大老黑"（许盛奎）。盖自有张天龙以来，前呼"大老黑"者未有如"大老黑"者也，后呼"大老黑"者，亦未有如"大老黑"者也，实堪"许"为"盛"世之"奎"。少山此戏，坏在仍然"正派"，不能洒狗血，即洒狗血亦慢条斯理儿的,如是则全然不似矣。先以扮相论,张天龙无准脸谱,要以令人观之"发松"为原则,而少山则赤光有曜勾一大红脑门之钟馗脸,挂黑髯,未免有正无谐。扎靠外披红褶子,不背普通靠旗而背四杆白绸飞虎旗,此则老谱。念毕"两膀臂力似金刚"之后,挤鼻弄眼拱嘴舐髯,备诸丑态,兹。"遵古炮制"。唯所用之黑红鸭嘴杠太小,不称之至。金大力持此且有"大祥子拉獾狗——人不松狗松"之喻,矧为张天龙乎。接腿一句梆子,不妙在实大声洪,而妙在有"醋熘酸枣面杏干山里红"之味。至于魏小生念:"待你家驸马爷——揍了你。""揍了你"三字,用极小之声音能袅游丝,此是"金门本派",然在《双沙河》中不足称佳者,以与魏小生二人见面,彼此臭骂,胡打乱掀毛方似此剧之本来面目,雕镂功深,二人均不足以当之。少山再上,仍扎红靠,头上净换红秦椒帽而罩一草帽圈,手拿单柄乌油云片顶大锤,踩锣鼓上,唱"五十合六十合不分胜负"之梆子上句,其病在温,甚至不像。须臾则换白毡帽,挂白四喜,穿红箭蟒,系绦子,而手拿小乌油锤。全剧以此为较佳,马富禄竟致忘词,如"咱俩为什么?"马念:"为义务!"金问:"还为什么?"马竟无词以对,少山乃谓:"不是还为主江山吗?"如此始得冲下,否则马或终僵矣。念:"那是我们大公主!"实不如念"那是我大席费(媳妇)二席费(媳妇)嗒!"形容翠花、慧生二人之特点,一曰"大眼睛不得儿不得儿嗒!"一曰"胖胖儿,哏着呐!"益以扬颐耍眼睛,均能淋漓尽致。唱〔南锣〕毕,挟小黑锤于怀,挺脖颈扬白四喜,更以拱屁股耍腰眼以就锣鼓,此则足证有根柢,是戏必尝来过,否则不能有如是之严丝合缝焉。后之一场,打黑蓬头,改挂黑一字,穿红花抱衣抱裤,手执黑风旗二面乱舞而上,是亦不失旧矩。盖此剧颇多张天龙"会使黑风"之描写,正与《牧虎关》为马迹蛛丝之一串。此执黑风旗二面者即以示其使风也。及被魏小生含水披头喷射狼藉满面,乃曰:

"我不叫你吃蒜你偏吃蒜!"富禄所答似非所问。意者此中有老哏,而为时代今昔之所不同矣?打更一场则露平头,下穿扮戏之水衣子。脸色以揉,成为模糊之一遍。末场不扛板凳,不赤背,不唱岔曲,亦不将脸卸净,穿便衣上。乃将水衣子易为胖袄,提一麻姑铁壶,与侯霭如所演者不同也。然其由靠而箭衣,由箭衣而抱衣抱裤始终红色,我朱孔阳,愚意当是老例。因魏小生除却道巾伽蓝褂外,亦例穿黑花袄裤也。一如朱雀,一如玄武,斯合于剧场之调剂律。其他亦如"遵古炮制"之处,固不可以不名贵逸之。乃闻少山封箱之夕亦演此剧,加一《牧虎关》,实际上座不过一百六十人,何其前后之悬殊耶?唯此剧必须带戏,而《牧虎关》则万不可带。何则?《牧虎关》在此剧之后,若先演《牧虎关》是"翻朝代"也。况此二剧诙谐供人噱嗷者耶?是以所加必须郑重如《黄金台》之类。然只上百六之数,终为咄咄怪事。少山以外,尚有萧和老之魏小生,岂不值此百六之数乎?

少山偏爱王金璐
三爷演活金大力

从景孤血的评论中可以看出少山很喜欢演张天龙这个角色,在表演方面有继承"不失旧矩",也有不足"其病在温","温"者不火爆也。也有人认为他表演幽默、诙谐,实际剧场效果并不坏。还是在《立言画刊》第245期上有人撰文:"今夕中和有一场大合作戏,计大轴《双沙河》,金少山饰张天龙,臧岚光饰玉珍公主,宋德珠饰玉宝公主,萧长华饰魏小生。少山此剧向不轻演,妙在滑稽梯突。头场扎靠披蟒,后来耍双旗,使小锤,戴皂隶帽,末场剩水衣子提茶壶,愈演愈松。唱梆子则实大声洪,令人噱嗷。唱〔南锣〕时随做《小上坟》之身段,尤足使人笑绝冠缨。"

金少山还喜欢演一个角色——金大力,也许因为都姓金,也许因为都是旗人,也许是这个人物使金老板得以发挥所长。

金大力是《八蜡庙》中的一个人物。《八蜡庙》是"八大拿"之一,"八大拿"是个代称,就是演绎捉拿八个恶人的八出戏。到底是哪八出,其说不一。正确的解释应该是:《霸王庄》拿黄隆基、《独虎营》拿罗四虎、《里海坞》拿郎如豹、《东昌府》拿郝文、《殷家堡》拿殷洪、《骆马湖》拿李佩、《淮安府》拿蔡天化、《八蜡庙》拿费德功。这八个角色内行称"反座子",侯喜瑞全演过。这八出戏全部改编自小说《施公案》。然而从小说《彭公案》中也改编出八出戏,《彭公案》的这八出是《莲花湖》收韩秀、《武文华》拿武文华、《英雄会》打窦尔墩、《九龙杯》三盗九龙杯、《普球山》盗金牌、《画春园》拿傅国恩、《剑峰山》拿焦振远和九花娘、《溪皇庄》拿花得雷。而后来又有人从《施公案》中改编出后八出戏,分别是《莲花院》拿九黄和七珠、《五里碑》拿霍炳、《恶虎村》火焚庄院杀死濮天雕和武天虬、《薛家窝》拿薛金龙、《郑州庙》拿谢虎、《河间府》拿侯七、《洗浮山》拿于六、《连环套》拿窦尔墩。加在一起共是二十四出。

《八蜡庙》的剧情是:清,康熙朝,淮安府招贤镇土豪费德功,窝藏大盗、勾结当地官府,独霸一方。于八蜡庙会时,强抢民女,杀死无辜百姓。清官施世纶巡查至此,受理此案。江湖老英雄铁背侠褚彪定计,与黄天霸之妻(侠女张桂兰)、小侠贺仁杰假扮乡民,往八蜡庙进香朝拜,故意诱费德功将张桂兰抢进庄去。小张妈劝婚,张桂兰假意应允,用酒将费德功灌醉,乘机将其削铁如泥的宝剑和毒药袖箭诓到手中,然后会同黄天霸、朱光祖夜袭费庄。褚彪率关泰、金大力等众官兵赶到,在贺仁杰、张桂兰的配合下,最终擒获费德功,为民除害。

该戏剧情有趣、武打炽烈,有商业价值;该剧又人物众多,能拴角儿(邀名演员),适宜安排在义务戏中。剧中主要人物有:褚彪(武老生或武生)、黄天霸(武生)、张桂兰(武旦)、金大力(花脸)、贺仁杰(武生或武小生)、关泰(花脸)、朱光祖(武丑)、王栋(花脸)、王梁(武丑)、施世纶(老生)、窦义成(老生)、费德功(武净或武生)、小张妈(花旦)、费兴(丑)、小姐(旦)、丫环(旦)、米龙(武净)、窦虎(武净)、老道(丑),还有众庄丁、众英雄、众官兵、红龙套、喽兵等共计五十多人。

黄派武生的创始人黄月山和余派老生创始人余叔岩都擅演褚彪,花脸名家侯喜瑞、许德义、范宝亭和武生杨小楼、尚和玉及他们的传人孙毓堃、傅德威都擅

金少山《闹江州》

少山偏爱王金璐
三爷演活金大力

演费德功,而饰演金大力的演员中最受欢迎的是金少山。

金少山是满族,了解旗人的生活,又加人高马大,扮上戏真有样:揉黑脸,梳大辫子,戴红缨帽,穿着"汗德汗"的马褂("汗"读阴平),螳螂肚的靴子,抹着鼻烟,架着真鹰,晃动着膀子走"十三太保遛场子"的架势往场上一站,台下好声如雷。该戏的末一场主要是看金大力:

朱光祖　金爷来了吗?

金大力　来了。

朱光祖　吃饱了没有?

金大力　(拍拍肚子)吃饱了。

朱光祖　吃饱了喝足了,打这些狗日的!

金大力　交给我啦！

下面金大力手拿大杠子与招贤镇的庄丁们开打。庄丁来一个打一个，来两个打一双，直打得庄丁们趴在地上起不来。

金大力　小子，起来，起来！

几个庄丁横成一排同时打金大力，金大力用大杠子猛一推，庄丁们跌倒在地。

金大力　傻小子，你们哪儿行啊！哈哈哈……

观众也随之大笑，纷纷鼓掌说："金老板把金大力给演活了！"

## 课徒授艺传真经　花鸟虫狗皆艺术

金少山开花脸挑班之先河,不但自己人气旺盛,也给花脸行挣足了面子,不少后学者欲拜他为师,但谁又有他那得天独厚的材料,一般人难以程门立雪。但十步之内总有芳草,就看你是否能发现。

1939年,金少山收了两个徒弟。年初的某日,他的老搭档王福山带来了一个青年人。王福山介绍:"这个年轻人叫吴广志,在邮电局做事。他一向喜爱花脸,看了你几场戏后,着了迷,非要拜你。"

少山一看这个小伙子个头、脸盘都不错,是唱花脸的材料,就问:"唱过吗?"

吴广志毕恭毕敬地回话:"票过几出。"

"喊两句我听听。"少山又说。

于是吴广志学着金少山的范儿唱了一句《捉放曹》的〔摇板〕"八月中秋桂花香"。行家一听就知道。

"嗯,行。你在邮电局端的是铁饭碗,何必要唱戏?干这一行,吃好了是戏饭,吃不好可是气饭呐!"

"先生,我实在是太爱这一行了。"吴广志说出了自己的愿望。

"爱这行,很好,但不一定非要下海。你看'夏山楼主''红豆馆主''涛贝勒'都是有名的大家,连内行的人都要去登门求教,这不是也很好吗?你有个铁饭碗不容易,怎么能轻易丢。我收你可以,但是劝你别下海。怎么样,孩子?"

"听您的。"吴广志表了态。于是,择日在同和轩饭庄举行了拜师礼,此后,吴广志易名吴松岩。

这年的初冬,金少山又收了一个徒弟赵炳啸。

赵炳啸在票友父亲的熏陶下,自幼由听戏到爱唱戏,并爱好花脸。他先跟裘桂仙的大弟子学过《草桥关》、《探阴山》、《空城计》等戏的唱段,多次观摩郝寿臣、侯喜瑞、李春恒、蒋少奎、马连昆等的演出,他自己说:"当初看得比较杂,学得比较宽,直到金先生回到北京,在华乐看了他的《连环套》后,才开始迷上了金派艺术。"

赵炳啸看完金、郝、侯等人的"花脸大会"后,便与几个小票友仿照也来了个"花脸大会",赵炳啸学金少山唱大轴《御果园》。演出后媒体给予较高的评价。有一位常到金宅串门的桂锡九先生,在一次聊天中,少山问:"有个年青的票友唱了《御果园》?"桂锡九说:"这个孩子不错,跟我学过,哪天我把他带来你看看。"在桂锡九的引荐下,赵炳啸拜见了金老板。也是有缘,少山一看,挺喜欢,就问:"听说你前些日子唱《御果园》了?"赵炳啸如实相告。少山就叫他把头段〔原板〕"提起了当年投太原"唱一遍。赵炳啸在真人面前大卖力气,少山听完,说了一句:"行,有出息。"此后,赵炳啸每天放学后都到潘家河沿的金府请教内艺。终在是年的11月立雪金门,并赐名赵松年。

赵炳啸之刘瑾

当时萧长华、程砚秋、马连良、叶盛兰等名家都赴拜师宴作为历史的见证。此后，师徒二人特到前门外，廊房头条容丰照相馆，由经理孔小亭亲自操作留影纪念。

金少山对两个爱徒采取不同的教授方法。对大弟子松岩采取以熏为主以教为辅。一般情况下吴松岩每晚十点左右到少山家中学艺，因为这时少山起床不久。松岩在师傅身旁小心伺候着，有客人来或端茶倒水，或拂蝇驱蚊，特别是师傅与人谈戏，他总是默默心记，少山谓之熏戏。待夜半一点左右，吊嗓子的琴师赵桂元一到，松岩便给少山请安，道一声："师傅，我走了。"不知情者对此不解。有一次翁偶虹问少山："您吊嗓子为什么不让徒弟听？"少山回答："我的腔儿时常变化，今天这样吊，明天也许会那样唱，徒弟听了，摸不着诀窍，反而误事，叫他们听我在台上唱的，那算标准。"少山给松岩说戏总是在没人的时候，曾认真地教过他《探阴山》、《御果园》、《刺王僚》、《黑风帕》、《断密涧》、《草桥关》、《五台山》、《大回朝》、《渭水河》、《阳平关》、《二进宫》、《锁五龙》、《托兆》、《坐寨盗马》等戏。少山教松岩，一丝不苟，不藏不掖，把绝活全盘托出。如少山的《盗马》，在头场"走边"中一上场就有一手绝活：他右手提大带、左手撩箭衣在〔撕边·八大仓〕中上场"金鸡独立"亮相，然后左右一看，扔大带、箭衣，双手后背，转身回望。一个小"云手"，右手推髯、左手掠住，右手再抄大带，把中指塞在两层大带中间，反转身，把髯口扔在右肩上，顺势双手把两片大带分开，向前垫步、趋步，双转大带穗子，到台口亮相。吴松岩虽未唱该戏，但他把这手绝活传给了儿子钰璋。

吴松岩正式演出过《托兆》、《草桥关》，少山特请范宝亭给把场，并亲给爱徒勾半个脸（梨园行学生首演，老师给勾左半脸，自己照图勾右半脸）。曾与老生迟世恭、武生傅德威、小生李荣安、旦角陈永玲同过台，电台播放过他与陈永玲的《二进宫》，听众反映其"嗓音宽洪有味"。

金少山对赵炳啸采取手把手的方法，由《御果园》起开始说戏。从尉迟恭后台念"回府"起，到上场后与二位夫人的对白：

尉迟恭　可恼啊，可恼！夫人哪里知道，适才金殿加封，二奸王奏道，想当年扶保刘武周日抢我国三关，夜夺我国八寨，耗过多少兵马钱粮，今乃屑小的功劳，封不得国公之位。

二夫人　老爷怎样回答？

尉迟恭　夫人哪里知道，想当年扶保刘武周日抢我国三关，夜夺我国八寨，乃是各为其主，曾在御果园中救过二主秦王的御驾，二奸王奏道如今将御花园改为御果园，演习当年三跳涧之事，夫人你说恼是不恼？

这两段念词后便是两段〔二黄原板〕。少山是一句一句地示范，他念一句、唱一句，炳啸就一句一句地仿效，就这样，直到少山满意为止。

对于形体训练，少山对赵炳啸抓得也很紧，具体体现在拉尉迟恭的身上，从〔二黄散板〕"一霎时浑身都是汗，数九天亚赛过三伏天，今日再脱袍把身现"后场面起〔九锤半〕，此时尉迟恭要在场上脱蟒、摘盔头，露出穿侉衣的短打扮，拉"山膀"接唱"赤身骣马手持鞭，家院带过爷的乌骓马"，在锣鼓"抡顿八拉仓郎次台仓郎次台匡"伴奏下，尉迟恭要用右手接马鞭，做看马、扶马的动作，然后树立信心，接唱末一句"某二次里救驾在御果园"，然后把马鞭交左手，涮甩发，抬头再把马鞭交还右手，甩髯口、勒马，冲外亮相。这几个动作看似简单，但没有一定的基本功是走不出应有的一气呵成的效果的。少山让赵炳啸从踢腿、拉"山膀"的基础动作练起，还把一些道理讲给他，让他去认真琢磨。少山说："孩子，你要记住，天、地、人各有三宝，天有三宝是'日月星'，地有三宝是'水火土'，人有三宝是'精气神'。我们唱戏的在台上最讲'精气神'，一个演员的高下优劣，跟精气神有直接的关系。让你练基本功，就是先要把精气神练出来。"

金少山还常对炳啸讲，唱戏要懂戏情讲戏理，不能瞎唱、乱唱，比如《连环套》，到后面窦尔墩主动认罪，就不能打入木笼囚车，他只是盗马雪旧恨，无逆天之罪，万不致死呀！

赵炳啸拜师下海后，第一次露演是在长安大戏院贴《连环套》，马德成饰黄天霸，艾世菊饰朱光祖，由于演出成功，第二天经励科便找上门来，约他到上海搭班。几经历练，曾与裘盛戎、王泉奎、袁世海并称"四小名净"。这也是金少山教徒有成啊！

抗日战争胜利后，举国欢庆，北京呈现出祥和的气氛。入秋后不久的一天，金少山与老友范宝亭喝茶聊天，范宝亭对他说，荣春

《白水滩》俞振庭饰十一郎，范宝亭饰青面虎

社有个唱花脸的学生不错,个头、嗓子、扮相、身上都挺好,将来是个人才。金少山一听喜上心头,忙问:"这孩子叫什么?哪天领来我看看。"

第二天晚上范宝亭领着一个小伙子进入金宅,少山打眼一看,嗯,这孩子是不错,就问:"你是唱花脸的,叫什么名字?""回先生的话,我叫景荣庆。"范宝亭介绍:"这孩子是个孤儿,先入的中华戏校,叫景永春,两年后又转入尚老板的荣春社,改叫景荣庆。连汉、富瑞、富亭、盛文都给他说过不少戏,我也把《嫁妹》、《通天犀》给他说了。"

爱才心切的金三爷立马表态:"孩子,听范先生介绍你基础不错,只要你愿意,就到我这儿来吧!"景荣庆做梦也没想到鼎鼎大名的金少山会有如此决定,立刻鞠躬致意,连声"谢谢先生、谢谢先生"。此后,景荣庆白天去园子唱戏,按照金少山的生活习惯,每晚十点钟后去金宅熏戏。难得的是金少山给他说了《霸王别姬》,其实在科里尚小云已经把杨派的霸王给荣庆说了,此时又能学到金氏的霸王,使景荣庆对霸王这个人物的理解增加了深度,此后他多次演《霸王别姬》,"九里山大战"完全按金派的路子唱,"别姬"时则吸取杨派的神韵,成为新时期又一个有代表的霸王。

1946年秋,裘盛

景荣庆李和曾《除三害》

戎由上海回到了北京。如果说上海是金少山的发祥地，那么上海就是裘盛戎的历练之地。裘盛戎为人成熟了，嗓子恢复了，技艺更大有长进了！他一心追随金少山，回京的第二天，就到金府登门拜望，并表示要加入松竹社。金少山满口答应："明天让焕如陪你去梨园公会登记、注册、备案，正式加入松竹社，往后你在头里能演什么就演什么。"

到此，先后参加松竹社的各行角色不下几十人了，他们是：

老生：贯大元、杨宝森、张如庭、张少楼、陈少霖、白家麟。

青衣：李慧琴、陶默厂、林秋雯、沈曼华。

武生：周瑞安、高盛麟。

花脸：王泉奎、马连昆、霍仲三、裘盛戎。

丑行：王福山、慈瑞泉、刘玉泰。

里子：李宝櫆、鲍吉祥、贯盛习、金仲林。

二旦：任志秋、诸茹香、于莲仙。

小生：姜妙香、李玉太。

老旦：李多奎。

课徒授艺传真经
花鸟虫狗皆艺术

裘盛戎加入松竹社后，对艺术的追求更加勤奋，而金少山对这位年青的后生也关心有加，虽然没有师徒之名，却有师徒之实，少山对盛戎视同吴松岩和赵炳啸。他多次提前到剧场观看盛戎的《打严嵩》、《黄金台》等戏，觉得这孩子长进不少，大有出息了，看后还给他说说。不久，少山提出要和盛戎合演《连环套》，"你头里唱'盗马'我后面来'拜山'"。对于这样的提携，使裘盛戎感激不尽，而金少山则认为作为老演员就应该带年青的，不然，京剧还怎么承传下去？怎么能对得起祖师爷呀！这就是金少山的胸怀，一位大家的风范。

有一天，金三爷带爱徒吴松岩去东来顺吃饭，东来顺的孟掌柜是位花脸票友，一见金三爷连忙上前打招呼："哎吆金老板您是贵

221

客,今儿有空来照顾小店,往里请。"少山入座后叫了几样菜:扒肉条、它似蜜、芫爆肚丝、醋熘木樨,孟掌柜特送一盘麻豆腐。他知道老北京都爱这一口,羊尾巴油一炒,再加青豆炸辣椒,吃一口那叫美。松岩趁师傅高兴,便问:"上次义务戏唱《八蜡庙》,您那只鹰在台上怎么那么听话?"这一问,金少山打开了话匣子,他给吴松岩上了一堂"说鹰"课。"小子,告诉你吧,这只鹰是东城的一位叫和尚那子的爷给驯出来的。"少山接着说,"和尚那子是驯鹰的高手,而驯鹰里的名堂大了去啦!"松岩恳求师傅给讲讲驯鹰的事,众食客也围了上来过耳瘾。少山自小就是玩家,他问:

"小子,你知道南苑海子有个晾鹰台吗?"

吴松岩回答:"我不知道。"

"你岁数小,你当然不知道,听我告诉你。"少山滔滔不绝地讲了起来:

出永定门往南二十多里地,有一片水洼地,叫海子,那里自元朝开始就是皇上狩猎的地方。海子中有块高台,有三丈多高,约四十几亩地那么大,这就是晾鹰台,是让猎鹰劳累后,晾羽毛的地方。元、明、清历代皇帝每到开春,都要到海子这里狩猎。那时大地回春,在南方过完冬的大雁、天鹅在北归的路上在此栖息。皇上就在文武百官的簇拥下放鹰隼捕猎天鹅和大雁。那个时候,好不威风呀!皇上站在上风处观望,侍从们身穿墨绿色的衣服,携带刺鹅锥、锤等捕猎的工具和鹰食,各相距为五至七步,分列在水洼四周,一发现有天鹅或雁便举旗示意,由骑兵飞马报告皇上。然后擂鼓将天鹅、大雁惊起,侍从们骑马挥动旗帜把猎物驱赶到皇上站立的地方,由皇上亲自放鹰追,当叼获的猎物落地后,侍从们要赶快上前用锥刺破鹅、雁的脑喂鹰,以示慰劳。

那时不光皇上玩鹰,老百姓也好玩鹰。鹰中的极品叫海东青。听说海东青生长在东北大兴安岭与新疆的天山一带,能叼住超出它体重几倍的动物。

咱们北京老百姓玩鹰中常见的有苍鹰、黄鹰、松子、跺子、细熊、白熊、鹞子、鸽鹰、青毽子、黄毽子、鱼鹰、燕松、坐山雕和土鹘（又叫隼）。这几种鹰有雌雄之分，松子是雄，

雄鹰展翅

白熊是雌；细熊是雄，鹞子是雌；黄鹰是雄，鸽鹰是雌；黄毽子是雄，青毽子是雌。清朝时皇帝行围射猎后，在庆功宴上要演奏《飞燕捉天鹅》的曲子，指的就是海东青。玩鹰最关键的是驯鹰，驯鹰又叫熬鹰，一个人熬不了，得两人日夜轮流才行。那时熬鹰的人，晚上八点来钟，都从各家出来，到大栅栏五牌楼聚齐，找个果子摊灯底下一站。聚到五六个人后，便一齐顺着大街往南到珠市口，再返回来，等中和园、华乐园、广和楼散了戏，人少了后再进前门到天安门，沿长安街奔西单、西四，到太平仓的夜茶馆，这里是城里熬鹰人大聚会的地方。鹰喜凉怕热，不能进茶馆里边，茶馆门口专备桌子条凳，大伙就在此处熬鹰。待天蒙蒙亮，鹰就来精神头了，挺起身子乱飞，得马上给它戴上帽子。这时换班就来了。这样连续十来天，看看鹰的野味退了，白天见人不惊了，就可以摘掉帽了。行内人讲鹰要熬到"头似松塔，眼如芝麻，尾似搭拉"，才算上品。

吴松岩听得目瞪口呆，长吁一声："敢情这里有这么大的名堂！"

"小子，咱们不能光玩鹰，要从鹰的身上悟出点什么。"

"师父您说，我听着呐。"

"鹰的眼睛非常犀利，能在高空看到黄豆粒大小的东西，秉性

凶残，见到猎物，一定要置于死地、撕成碎块。咱们台上有两个活，就是《搜孤救孤》中的屠岸贾和《二堂舍子》中的秦灿，他们的凶残劲就像鹰隼一个样。"

金少山饰演《搜孤救孤》中的屠岸贾确有他人无法比拟之处，一次在新新，与孟小冬联袂，媒体对其评价不菲，云："金少山屠岸贾，彪形熊壮，出场台风，凛似长狄侨如大汉翁仲，脸谱以桃红为主（略似极浅之紫混合而成红色），脑门鼻色皆然，两颊则勾水白脸蛋，挂黪满，穿红蟒。愚颇赞其脸谱，以为能得古意。盖昆曲之屠岸贾在'七红八黑'之'红脸'之内，而山西梆子之全部《搜救孤》，则直以红脸饰之。此谱仍以红色为主，告朔饩羊，乃得昆之遗型。少山狠戏亦有根柢，《白龙关》之欧阳方曾在新新试演。此剧于程婴念至'那孤儿他'，花脸疾念：'啊！现在何处？'少山此等均谐古意。唯在白虎堂所唱之〔散板〕，以压抑调门，大而无当，三句皆平，略无韵味，台下观众以'连珠炮'目之，实由金、鲍（饰公孙杵臼的鲍吉祥）二人之调门一在天之涯，一在地之角，此乃勉强改高就低耳。'程婴！你要与我重重地打呀！'此际未离座位，亦不掏翎登椅，然只微摇其躯，亦能与锣鼓合。末场怀抱孤儿之唱，则句句放圆，声韵兼美，念字亦有筋节，而夕阳虽好已近黄昏矣。"（见《立言画刊》第143期）

少山自小就爱好广泛，摔跤、听评书、玩鹰、养狗、斗蛐蛐外，种花、养鸟，他无所不好，无所不精。但他的这些喜好可不仅仅是为了玩，而是从中悟出很多艺理。

种花，不但建有花棚，而且还专有花把式，养鸟，专有鸟把式。特别是对养鸟下的功夫很大，也可以说是很有研究，总之他把北京人玩鸟这点事算是摸透了。

金少山一不养百灵，二不养画眉，他专养靛颏和红子。

说起靛颏，分蓝、红两种，看鸟胸脯的羽毛，要是蓝的就是蓝靛颏,要是红的就是红靛颏。

养鸟首先要置办鸟笼子,养靛颏和养红子的笼子是不一样的。养靛颏的笼子是圆形的,得用白茬细竹做料,直径约九寸,也有上漆的,顶子上安有笼抓。养红子的鸟笼是长方形的。鸟笼内有鸟食罐和水罐,少山鸟笼里的食罐和水罐可不同寻常,是庆王府里的一个朋友送的,说是王爷用过的。

靛颏能学别的鸟叫,那叫"押音",而红子就不能学别的鸟叫,但是别的鸟要学它叫,学会了,这叫红子口,是一件很荣耀的事。红子叫起来是"滴滴水儿、滴滴水儿",要是叫成"滴水儿"这叫单片,要是叫成"滴滴滴水儿"这叫垛音,这都不够品。

红子鸟

养鸟必须要遛鸟,遛鸟的缘故之一,就是训练鸟"押音"。要让鸟学会别的鸟叫,必须要让它听别的鸟的声音。养鸟的人就围着四九城转悠,甚至出城到郊区也是常事。金少山的靛颏要学山喜鹊叫,他就打发鸟把式提着鸟笼子去到东华门,因东华门南边有山喜鹊。要想学鹞鹰叫,就得去二闸,因为那里是鹞鹰出没的地方。要是不去找音源,鸟就押不上音。

少山养的鸟还与众不同,每晚掌灯后,摘下笼子罩对着灯叫得最欢实,这时少山刚起床,喝着茶,闻着鼻烟,听鸟叫,十分惬意。有一天,他与翁偶虹闲聊:"您瞧我养的这些鸟儿,蓝靛、红靛、红子,也并不是单为嗜好,我常从鸟儿哨的音儿里悟出许多道理。您听,我唱《锁五龙》那句'见罗成不由我牙咬坏'的翻高儿唱,就是从红子的'滴滴水儿'悟到的。我念白声轻气平,也是从蓝靛的'小盘'悟到的。您再瞧我院子里养的那些花花草草,也不是我婆婆妈妈的爱这些东西,而是从花草的颜色姿态里找扮相。我演《忠孝全》王振的一红到底(红脸、红蟒),就是从云南的红茶花想到的;我演《草桥关》的铫期,白满白蟒,越素越不嫌素,也是从白玉兰悟到的……"

是名人就会引起他人的注意,哪怕是生活琐事也会成为街谈巷议的话题。外界就风传过金少山养鸟受骗的事:金少山雇的鸟把式人品欠佳,干了两三个月后,摸透了金先生的脾气,他悄悄地把金少山训好的那只红子给偷走了,给换了一只,但是换的这只是脏了口的。他便去跟少山说:"金老板,您这鸟脏口(学了不该学的)了,叫出咎咎音了!您看怎么办啊?"少山一听是又生气又惋惜,便回了句:"得了,把这只撒了吧!"鸟把式等的就是这句话,"得嘞,听您的。"其实这脏口的鸟也没撒,而是给藏起来了。鸟没了还得买呀,金三爷给了鸟把式钱,叫他再去买一只,鸟把式把钱揣进了自己的腰包里,然后把自己偷的那只又拿回来,里外里自己干赚了一笔。此事真伪无人去查,这倒是符合金少山的性格特征。

梨园行的人都知道少山喜欢养狗,他养过一条大个儿的蒙古狗"傻黄"、小个儿京巴"黑炭"。这"黑炭"浑身漆黑,没有一根杂毛。少山走到哪儿,就把它抱到哪儿。少山演出,换好戏装,小"黑炭"能给他看着衣服,从不让别人靠近。还有他当年在上海养过的"小猴三"。

秋去冬来,少山又养起了蝈蝈、油葫芦、蛐蛐,各自放在精致的葫芦内揣在怀里。窗外大雪飞扬,少山依在炕上,一面闻着鼻烟,一面听着秋虫鸣唱,一面琢磨着唱腔。嘿!那叫一个美!

## 亦褒亦贬论个性　身后任凭说短长

性格决定命运,这话不无道理。有的人任有天大的能耐,为人耿直,不会圆滑,用句焦赞的词:"人家不用也是枉然!"有些小人,真本事不大,但会察言观色、溜须拍马也许能扶摇直上,官至极品。

金少山性格多变,为人处世天马行空独来独往。褒他的人说他豪爽仗义,贬他的人说他狡诈散漫。

淑芳斋戏台

1937年3月4日,是余(叔岩)派名票张伯驹四十寿辰,值河南去岁发生旱灾,乃以演戏募捐赈灾。这位张伯驹先生是河南项城人,是大总统袁世凯的表侄,其父张镇芳官至河南督军。这位张大少爷,虽然有职业,但最好是皮黄,且对声韵颇有研究,喜结梨园名伶,办堂会、搞彩串是一大乐趣。赈灾演出地点在北京福全馆,戏码很硬:开场为郭春山《回营打围》,第二出是程继先《临江会》,次为魏莲芳《女起解》,次为王凤卿《鱼肠剑》,次为杨小

金少山和余叔岩

楼、钱宝森《英雄会》，次为小翠花、王福山《丑荣归》，大轴为张伯驹的《失·空·斩》。就是在对《失·空·斩》人头的安派方面引出了一个"故事"。戏提调安排王凤卿的赵云、程继先的马岱、余叔岩的王平、杨小楼的马谡、钱宝森的张颌、金少山的司马懿。

对于这样的安排张伯驹是心花怒放，可是请这些位"重量级"的人物担当配角不是光凭钱来说话的，这得多大的面子呀！事体重大，不能贸然行事，一旦碰壁，无法挽回，于是便在家设宴一席，请来杨小楼、余叔岩等几位名伶和几位清客，酒席间说项派活之事。一位清客向余叔岩"建议"说："张大爷的四十大庆，可是个大好日子。他的《失·空·斩》是您给说的，假如您捧捧好朋友，合作一个王平，那可是菊坛盛事，千古佳话了！"余叔岩这个王平，是谭鑫培亲授，怎能随便露演呢？但当面又不好驳面，于是乎话锋一转："我这个王平没什么了不起，又是本功戏。我很希望杨老板来个马谡，那可就精彩了，怎么样？师哥。"想不到这件事就这么定下来了，真是人世间有些事，说大就大，说小就小。余、杨二位能定下来，其他人应该不成问题啦，于是管事便分头挨家去通知。

也是张伯驹派的办事人不会说话，他先去找少山的管事孙焕如，孙家人说他在金宅。来人赶到金府，在外屋见到孙焕如，也不问金老板在不在，就粗声大气地说："我们请金老板唱司马懿，要多少钱给多少钱。"金少山在里屋听到此话，认为太拿自己不当回事，没等孙焕如答话就嚷道："焕如啊，他们不是雇咱们唱戏吗？

告诉他,给多少钱都不唱!到那天,三爷出份子,拜寿听戏去。"办事人尴尬而去,最终演出时,司马懿一角只好请票友陈香雪饰演。

这件事做得真不如另一位花脸巨擘侯喜瑞。有一年王瑶卿过生日,众弟子准备合演其代表作《儿女英雄传》以祝寿,邓九公一角非侯爷莫属。照例,管事去跟侯爷打招呼,侯先生说:"好办,要一百块钱戏份。"管事赶快去报告王大爷,王瑶卿让快给送去。待管事给侯爷送来戏份,侯先生自己又拿出一百元,对来人说:"王大爷过生日,我出两百块份子钱,你带回去吧!"

这件事,侯爷做得多漂亮。

可以说金少山做事随意性太大,有时不计后果。侯喜瑞做事有分寸,人缘好。而金郝侯三位中的郝寿臣则做事最严谨。想当年,郝寿臣未成名时,吃了多年的气饭,主要来自经励科的盘剥。等他成名后,周旋于杨小楼、高庆奎、马连良之间大展身手时,就给自己的戏定了价码,用一张横条虎皮宣纸,中间横打一条线,再竖画许多格,把每出戏的价格标列清楚。如《审李七》、《黄一刀》、《连环套》八十元,《战宛城》六十元,《阳平

侯喜瑞之张飞

关》四十元等等。把价目表镶在玻璃框里,挂在客厅,不论哪位来谈,言无二价。而且是先付款,把钱送到家里,再上戏园子扮戏,上了台绝对认真卖力一丝不苟。他这么做,恨得经励科牙根发痒,但又无可奈何。可是真给演员们争了气!

金少山能挣敢花,特别爱救济他人,在这方面口碑极好。对参

加义务戏,特别是针对同行的"窝头会",金少山却从来是义不容辞的。在义务戏中他曾和谭富英合演过《捉放宿店》,和程砚秋、王少楼合演过《二进宫》,与马连良、谭富英、程砚秋、李少春、叶盛兰合演过《龙凤呈祥》,每演均得好评。他对马连昆的照顾大家是有口皆碑,就在裘盛戎参加松竹社的前几天,马连昆患病不能上台,上不了台就开不了戏份(即每场所得之报酬),没有戏份家中靠什么生活?但金少山照样给不能上台的马连昆开戏份,马连昆的戏份是一场八块现大洋,按一周三场算,让账房先生每月送到绒线胡同19号马连昆的家中。

金少山有一位叫马光甫的朋友,马有一个好友的母亲患重病住院,须交押金一百元,家中贫困无力交纳。于是,马光甫提来一只蓝靛颏,连鸟带笼一同交给金老板,说明需要钱的情由。恰少山身旁也无钱,但他二话没说,叫马光甫拿上戏装去了当铺。

《丁甲山》郝寿臣李鬼

侯喜瑞李逵

经常向金老板拍卖古董的有两个落魄太监,一位姓刘,一位姓陈,他们原为升平署的小太监。金老板称二位为老爷,见面后互相请安道好。当时一瓶二两重的洋鼻烟,在古董铺不过七八块钱,而这二位送来张嘴就是几十块钱,并说这是上品货,什么酸味儿的糊味儿的。这个月姓刘的来了,"金老板我给您拿来一张字画,这可是当年宫里的。"下个月姓陈的来,"三爷,我给您送一份鸟儿食、水罐儿,这都是上品的玩意儿。"二人轮流来送古董,加倍要钱。而金少山从不还价,要多少钱给多少钱。有朋友说他:"你这是何苦,不是让人捉大头吗?"金少山从容地回答:"这些人,在当初都是南府的童伶,当年,我们老爷子进宫唱戏时,他们沏茶倒水地伺候过。我金少山现在比他们强一点,不能忘了人家的好处。要懂得'能为人时且为人',咱们只当今天少卖了几十张票,而他们用这些钱就能生活一个月。不用说他们来卖东西,就是伸手要,或是借,我能不给吗?再说,这些老爷们都爱面子,是决不会伸手要的。"

当然,也有人说金少山挥霍成性,用钱没有预算、毫不节制以致闹出许多笑话。如上文所提在天津中国大戏院演出,下榻在惠中饭店,给莺莺燕燕赏钱之事,能说不是滑天下之大稽吗?

有人说金少山挣的钱海了去啦,他自己都不知道有多少!此话也许不假。反正他花钱如流水,买东西向来由管事的给结账。有人告诉他首饰店有一颗上好的金刚钻,标价三千块大洋,少山一张嘴"买"。有人亲历过这样一件事。某日有人向他报告:有一辆小卧车不贵,才两百大洋。金老板还是一个字"买",结果买了一辆不能开的车。经办人很尴尬,少山又是哈哈大笑,说:"不要紧,套上马拉着走。"

有一个姓袁的督察长专剥削艺人,一天袁某约金少山与一位女票友合演《霸王别姬》,名曰合作戏,用的却是松竹社的原班人马,戏演完后,姓袁的把全部收入一把拿走,演出人员分文未得。少山自己又连演两场,才给大伙开了戏份,为此气得他大病一场。

梨园豪杰「金霸王」

近代太监演《长生殿》

1948年春夏之交,金少山身患重病不能演出,分文不进,只好卖行头度日,家也从租住的琉璃厂83号韵古斋古玩铺五进大四合院的前院和中院,搬到了椿树下三条几间窄小的住房中。梨园公会会长尚小云是他的好朋友,又是街坊,去看他,进门一看,四壁皆空,"仅有床板、薄褥和一床薄棉被"。少山一见尚小云,流下了悲凄的眼泪,他抽泣着说:"悔不当初,悔不当初呀!不过我不怕,我还有南梅北尚两个好兄弟。"尚小云说了几句安慰的话,留下银钱后心酸地离去。

梨园同好谁不盼望着金三爷的身体很快好起来,但天不留人,金少山终在8月12日含恨离开人世,真个是"赤条条来,赤条条去"了。

为给金老板送葬,尚小云以梨园公会的名义组织唱"搭桌戏",当时正在上海的梅兰芳闻讯后也马上汇款资助。

8月15日,一代名伶,十全大净,赫赫有名的"金霸王"由梨园公会安葬在松柏庵的梨园公墓内。

# 主要参考资料

《中国京剧百科全书》（中国大百科全书出版社）
《〈立言画刊〉京剧资料选编》（学苑出版社）
丁秉鐩《菊坛旧闻录》（中国戏剧出版社）
翁偶虹《翁偶虹编剧生涯》（同心出版社）
徐世光　卢子明《十全大净金少山》（中国广播电视出版社）
《京剧谈往录》（北京出版社）
梅臻韶《海上闻人杜月笙》（河南人民出版社）
司马烈人《张啸林全传：流氓大亨》（中国文史出版社）

# 后　记

　　写完本书的最后一个字心中方觉释然，因为从1958年我考入中国戏曲学校学花脸开始，金少山就是我的偶像。我的业师孙盛文、宋富亭、骆连翔、韩盛信等经常对我们讲起金少山，既讲他的舞台艺术，又说他私生活中的为人处世。业师们跟他同过台，说起来绘声绘色，故金少山三个字在我的心里深深地扎下了根。

　　我从戏校毕业，特别是于1981年改行做编辑后，从文字方面加深了对金少山的了解，此后我有意识地进行了收集，给我的偶像写一个传，是自己对自己的命题。

　　从艺术上看，金少山是一代净王，开创了花脸挑班的先河，历史贡献巨大；从做人的角度看，他又是一个有着多重性格，尽情享受生活的人。是的，他既仗义疏财，又挥霍无度；在顽主面前他有时是铮铮铁汉，有时又会委婉迎奉；他爱结交各路朋友，又爱风花雪月。他一生挣过无数的钱，临终却身无分文，后事都是梨园公会给办的。

　　金少山不是完人，他是一个传奇式的人物。

　　目下，给名人写传，尽是溢美之词，好像个个都是高大全，如果我也这样写，那就不是一个完整的金少山了！所以我敢冒天下之大不韪，写出了人们口中能言而不敢下笔的"轶闻趣事"。

　　为能准确记录金少山的重大活动，我查阅了北京、上海、湖北、江苏、天津、黑龙江、吉林、辽宁、山东等省市的戏曲志及梅兰芳艺术年表和杨小楼年表。

我一向认为写人物传记要有文学色彩，因此在该书中依据金少山的性格特征，在某些方面强化了文学描述。

　　我写金少山的最终目的，就是让今天的年轻人知道：京剧史上，花脸行曾经群雄争霸，出现过金少山、郝寿臣、侯喜瑞、钱金福、许德义、范宝亭以及上溯到何桂山、穆凤山、黄润甫、金秀山、裘桂仙、李连仲等先贤，又下传到裘盛戎、王泉奎、袁世海、景荣庆等俊秀，今天"十净九裘"的局面是花脸行乃至京剧艺术的一种悲哀。

　　我真切地盼望着花脸的春天早日到来！

作　者<br>2012 年 4 月 28 日于天通苑

图书在版编目（CIP）数据

梨园豪杰"金霸王"／常立胜著．—济南：山东文艺出版社，2012.10
ISBN 978－7－5329－3908－4

Ⅰ．①梨… Ⅱ．①常… Ⅲ．①传记文学—中国—当代 Ⅳ．①I25

中国版本图书馆 CIP 数据核字(2012)第 220630 号

## 梨园豪杰"金霸王"

常立胜 著

| 主管部门 | 山东出版集团 |
| 集团网址 | www.sdpress.com.cn |
| 出版发行 | 山东文艺出版社 |
| 社　　址 | 山东省济南市英雄山路 189 号 |
| 邮　　编 | 250002 |
| 网　　址 | www.sdwypress.com |

| 读者服务 | 0531－82098776（总编室） |
|  | 0531－82098775（发行部） |
| 电子邮箱 | sdwy@sdpress.com.cn |

| 印　　刷 | 山东汇文印务有限公司 |
| 开　　本 | 880mm×1230mm　1/32 |
| 印　　张 | 7.5　插页/5 |
| 字　　数 | 178 千字 |
| 版　　次 | 2012 年 10 月第 1 版 |
| 印　　次 | 2012 年 10 月第 1 次印刷 |
| 书　　号 | ISBN 978－7－5329－3908－4 |
| 定　　价 | 20.00 元 |

版权专有，侵权必究。如有图书质量问题，请与出版社联系调换。